proyectos de decoración para
renovar su hogar
Carver County Library

Trucos de decoración
Toques de estilo

Trucos de decoración
Toques de estilo

Más de 40 proyectos
de decoración para
renovar su hogar

Maggie Colvin

LIBSA

© 2000, Editorial LIBSA
San Rafael, 4
28108. Alcobendas. Madrid
Tel. (34) 91 657 25 80
Fax (34) 91 657 25 83
e-mail: libsa@libsa.redestb.es

Traducción: Alberto de la Guardia

© Octopus Publishing Group Limited

Título original: *Touches of Style*

ISBN: 84-7630-796-9

Derechos exclusivos de edición para todos los países de habla española.

Ninguna parte de esta obra puede ser reproducida total o parcialmente, ni almacenada o transmitida por cualquier tipo de medio, ya sea electrónico, mecánico, fotocopia, registro u otros, sin la previa autorización del editor.

Contenido

Introducción	6
Equipo de herramientas	7
Pruebas de esquemas cromáticos	10
PROEZAS EN UNA HORA	**14**
Rótulos para invitados	16
Costurero de tela	18
Forros de tela para cuadros y cubiletes	20
Pintura con los dedos	22
Pantallas para lámparas	24
TRANSFORMACIÓN EN DOS HORAS	**26**
Marco con búcaros	28
Pieza de terracota pintada a mano y barnizada	30
Ventana de cristal esmerilado con estarcidos	32
Marco pintado al vinagre	34
Candelabro hecho con un marco	36
CAMBIOS EN UNA MAÑANA	**38**
Alacena de estilo gustaviano	40
Estor de tela plisada	42
Alacena de casa de muñecas	44
Biombo para una ventana	46
Tocador de estilo gustaviano	48
Estor decorado a mano	50

Marco oriental de bambú	52
Consola de estilo antiguo	54

EVASIONES NOCTURNAS — 56

Cubierta de mesa veteada y estarcida	58
Cortinas rematadas en copa	60
Trampantojo sobre el aparador de la cocina	62
Contraventanas decoradas	66
Pantalla para chimenea	68
Alacena con falsa rejilla	70
Silla de pino estarcida	74
Mesa taburete para café	76

MARAVILLAS EN UN DÍA — 78

Mesa con incrustaciones de falso granito	80
Puertas de rejilla falsa	84
Mesa de imitación marquetería	86
Transformación de una silla de oficina	88
Cubierta de mesa con teselas	92
Transformación de un sofá	96
Falso mármol veteado	98
Estanterías con cortinas	102
Falsa malaquita con pátina de oro	104
Imitación de mármol con malaquita	108

PRODIGIOS DE FIN DE SEMANA — 110

Galería para estor	112
Armarios empotrados	114
Estarcidos en ropa de cama	116
Funda para silla de director	118
Cama sueca de tipo trineo	122
Funda de sofá	124
Cama cabina para niños	128
Renovar el cuarto de baño	130

IDEAS INGENIOSAS — 134

Puertas decorativas	136
Puras delicias	138
Arreglos florales	140

Términos usuales	142
Consejos para la elección de materiales	144

Introducción

En un mundo ideal de libro de texto, todo el mundo elaboraría para su casa un plan perfecto, habitación por habitación, antes de dar un solo brochazo, o lanzarse a las tiendas para hacer las inevitables compras. Desde los picaportes de las puertas hasta la posición de los enchufes, los focos halógenos y los colores, todo funcionaría, combinaría adecuadamente y resultaría armónico como el teorema de Pitágoras. Por supuesto, sabemos por instinto hasta qué punto sería razonable hacer las cosas así, pero también qué difícil es llevarlo a cabo.

Lo que realmente sucede es que la mayoría de la gente no sabe lo que quiere hasta que lo ve en las tiendas o en una página impresa. La vida real a menudo consiste en soportar esa alfombra estampada que se odia, o esa ventana que da a un inamovible muro de ladrillos, o el horroroso sofá del que siempre quiso desprenderse, si hubiera podido permitírselo.

Cuando el ingenio y la inspiración parecen flaquear, así como el dinero o las ganas de intentarlo, sólo esa única y original idea puede impulsarle a actuar y sentar las bases de una serie de mejoras que acabarán por transformar una habitación. Siempre he creído que la decoración consiste en lanzar una serie de pequeñas iniciativas hasta dar con una idea precisa de mayor envergadura, que a su vez conduce hacia la siguiente. Así, este libro es, en esencia, una recopilación de las mejores ideas que he conseguido reunir y que considero inspiradas, claramente útiles, divertidas a la hora de realizarlas y, lo más importante, capaces todas ellas de producir excelentes resultados visuales.

La consecución de un correcto esquema cromático resulta vital para lograr el éxito a partir de una idea decorativa. He dedicado varias páginas a pruebas de esquemas de color cuyo éxito, como el de las recetas de cocina que resisten el paso del tiempo, ha sido probado y demostrado a lo largo de los años. Estos esquemas funcionarán siempre, tanto si se aplican a una gran casa señorial como a una casa de campo; al conjunto de una habitación o a zonas o elementos pequeños, tales como un arreglo floral. Allí donde ha sido posible, he puesto una muestra del color a utilizar en el proyecto, bien en la misma página, o en otra próxima, de modo que usted pueda llevarlos a la tienda si quiere recrear con precisión los resultados.

Ninguno de los proyectos en este libro requiere gran habilidad o gasto de dinero, y el tiempo a invertir en todos ellos ha sido medido *grosso modo* para dar una idea aproximada de la duración de su ejecución. El tiempo a emplear es sólo una indicación aproximada y algunos proyectos pueden llegar a durar algo más. Esto no es porque sean más complicados, sino porque donde interviene la pintura no he incluido los tiempos de secado. Cualquier tipo de pintura basada en óleo puede incrementar considerablemente el tiempo necesario para desarrollar un proyecto de forma adecuada.

Muchos de mis proyectos consisten en transformar desechos en tesoros capaces de crear una sensación de logro personal, haciendo que los esfuerzos valgan la pena. Este libro incluye muchas ideas que no harán saltar la banca, pero han demostrado resistencia y aguante. El aspecto más brillante de las ideas es la perspectiva que ofrecen para conseguir resultados individuales. Nunca dos personas distintas pintan efectos iguales. A título de ejemplo diría que un mueble pintado de forma individual resulta tan distinto, interesante y especial como una buena comida casera respecto a otra comprada ya preparada.

Pero antes de que prosiga con la lectura, he aquí un recordatorio de aquello que valdría la pena tener en su caja de herramientas. Tener que precipitarse hacia una ferretería para comprar un trozo de papel de lija implica un error de previsión que, aparte de interrumpir su inspiración, supondrá con seguridad una pérdida de tiempo y energía que es mejor gastar en la fase de organización del proyecto.

Equipo básico de herramientas

Cinta métrica (1)
Lápiz de carpintero (2)
Alicates (3)
Compás (4)
Sierra de calar (5)
Sierra de vaivén eléctrica (6)
Taladro eléctrico (no mostrado)
Papel de lija (7)
Nivel (8)
Tijeras (9)
Rasqueta (10)
Cepillo de alambre (11)
Grapadora (12)
Destornilladores (13)
Martillos (14)

Equipo de herramientas

Incluso el armario de herramientas mejor organizado resulta inservible si no puede acceder cómoda y rápidamente a aquello que necesite. Esto supone la necesidad de etiquetarlo todo, y tener un sitio para cada cosa. Me parece útil agrupar el equipo que habitualmente usemos para el mismo tipo de trabajo y almacenarlo en cajas correctamente etiquetadas. Unos rótulos escritos directamente sobre la caja o el recipiente con rotulador grueso suelen durar más que las etiquetas adhesivas individuales, que pueden estropearse o gastarse.

Equipo básico de pintura

Cortador eléctrico de acetatos (1)
Brocha para superficies (2)
Brocha para punteo (3)
Pinceles para estarcir (4)
Pinturas para estarcir (6)
Pinceles corrientes (6)
Acetato (7)
Veteador (8)
Lápices para estarcir (9)
Bayeta de trapo (10)
Cinta de enmascarar de distintas anchuras (11)
Colores acrílicos para pintura artística (12)
Esponja natural (13)
Pinceles para pintura artística (14)
Cepillo alisador (15)

Cuando almacene herramientas en estanterías, si tiene oportunidad, opte por que éstas sean estrechas, ya que son más fáciles de mantener a la vista que las más anchas, que pueden acabar desordenándose. Las herramientas colgadas de un punto de sujeción y silueteadas sobre una pared son más fáciles de encontrar que las que están almacenadas en una caja o colocadas en una jarra. Experimente hasta encontrar el que le vaya mejor.

Pruebas de esquemas cromáticos

Escoger el color es uno de los más absorbentes, divertidos y suntuosos aspectos del diseño de interiores. Afortunadamente, mucha gente está en posesión de una innata sensibilidad para el color. Se ponen en marcha y proponen fórmulas cromáticas perfectas, aparentemente sin pensar. Por otra parte, en el caso de las personas menos seguras, el color resulta un medio tan poderoso, tan emocional y personal, que terminan encontrando las opciones correctas mientras deciden sus esquemas cromáticos. He aquí un intento de desmitificar el color con algunas recetas a salvo de cualquier posibilidad de fracaso.

Aunque se han escrito muchos libros excelentes sobre el tema, la mejor manera de aprender y reforzar su seguridad en asuntos relacionados con el color, es a través de la observación y la práctica. Para cultivar su propio sentido del color e incluso para encontrar lo que busca, debe usted entrenarse a sí mismo en el uso de su mirada.

Intente recordar el vestíbulo del hotel que usted tanto admiraba cuando estaba de vacaciones, o aquel restaurante que era su favorito, o esa habitación en aquella casa majestuosa, y analice sus ingredientes cromáticos. Pudiera incluso tomar algunas notas. ¿Qué colores había y qué proporción tenían en el conjunto del esquema cromático? ¿Le impactó la impresión de conjunto? ¿O más bien un color dominante? ¿Eran colores clásicos o ligeramante desvaídos o más bien grisáceos? ¿Eran modernos e impactantes o traslúcidos tonos pastel mezclados con una base blanca? Las fórmulas de color no son más complicadas de entender que las recetas de cocina, y, del mismo modo, necesitan la realización de pruebas. Entonces, igual que en las recetas de un libro de cocina, una vez que las tenemos, son fáciles de reproducir.

Sin necesidad de profundizar demasiado en la ciencia del color, o en sus aspectos psicológicos (todos tienen una teoría) he aquí algunas de las fórmulas de color más fiables, a las que los profesionales recurren una y otra vez. Ampliamente comprobadas y utilizadas, incluso a lo largo de la historia del arte, abarcan todo lo que describo como esquemas cromáticos.

Si está usted a punto de amueblar o de pintar un mueble y teme cometer algún error, he aquí unas propuestas de toda confianza para comenzar.

ESQUEMAS CROMÁTICOS NEUTROS

Basados casi siempre en el blanco o en los tonos crudos, en combinación con el gris, los colores piedra y los tonos cuero, los esquemas cromáticos naturales pueden resultar llenos de *glamour*, especialmente si combina texturas distintas para compensar cualquier riesgo de falta de expresividad. A título de ejemplo, puede escoger madera y sisal o mármol liso y suave, o bien baldosas blancas para los suelos. Madera natural para el mobiliario, en combinación con telas de textura gruesa, y pasamanería con borlas de algodón y flecos en las tapicerías. La variedad en las texturas es vital.

Una vez que haya determinado con claridad el fondo neutro, usted puede añadir los puntos de color. Los muebles estucados (ver página 48), los efectos de granito (ver página 80), el marmolizado en crema (ver página 98) y los efectos de falsa madera clara (ver página 58) encajan en esta categoría y todos ellos combinarán maravillosamente.

ESQUEMAS DE COLOR MONOCROMÁTICOS

Simplemente escoja un color, pongamos por caso el verde o el terracota, y trabaje con los diferentes tonos de su gama. Añada estampados del mismo color para animar el conjunto, y si se decide por un color oscuro (ver el verde oscuro en el salón mostrado en la parte inferior), equilibre el conjunto con un tono pálido para el suelo. Reflejará la luz sin deslucir el verde dominante del conjunto. Una base amarillo pálido con otro amarillo más intenso, aplicado con efecto esponja (ver página 68) y un verde esmeralda luminoso aplicado sobre un verde bosque (ver página 122) son buenos ejemplos de este esquema cromático.

SU COLOR FAVORITO CON BLANCO

Puede sonar a tópico, pero si analiza las páginas de las revistas dedicadas a muebles, quedará sorprendido por el número de esquemas basados en esta fórmula.

Azul con blanco es el eterno favorito, pero amarillo con blanco, y verde con blanco también resultan tremendamente atractivos. El efecto de conjunto resultará fresco y sin complicaciones. Obviamente una elección acertada del color es aquí lo más importante. Escoja un azul celeste cielo y habrá sentado las bases para una encantadora habitación para niños. Seleccione un azul gris violáceo junto a un blanco cremoso, como el utilizado en la habitación mostrada aquí, y el resultado final será mucho más sofisticado y propio para adultos.

ESQUEMAS CROMÁTICOS COMPLEMENTARIOS O DE CONTRASTE

Muchos profesionales apenas parecen consultar la rueda de color, pero si usted no entra en esa categoría, la rueda resulta insustituible a la hora de elaborar esquemas complementarios. La rueda de color se basa en los colores naturales del arco iris, donde podrá descubrir la relación óptima entre los colores. Los colores maestros en la rueda son los tres primarios, el rojo, el azul y el amarillo. De estos tres se derivan literalmente millones de otros colores. Los colores secundarios se dan a partir de mezclas iguales de los colores primarios y dan el naranja, el verde y el morado. Los colores que se dan a partir de éstos, se conocen como terciarios. Por alguna razón —y nadie ha llegado a una explicación satisfactoria de este hecho— si mezclamos colores situados en

posiciones opuestas en la rueda, de forma infalible usted dará con una combinación satisfactoria. Por ejemplo, el esquema cromático caracterizado por la presencia del azul y del amarillo en la cocina (derecha), es uno de los esquemas cromáticos más vendidos en el mundo. Variaciones sutiles, como el gris azulado y el dorado, pueden ser halladas en determinado mobiliario e incluso en habitaciones completas en muchas de las grandes casas de Europa. Cuando queremos dar un aspecto apagado al mobiliario, los colores de contraste funcionan mejor.

Algunos ejemplos son el verde bosque oscuro sobre rojo antiguo o azul grisáceo sobre coral, y otros en esa línea.

Cuando escogemos colores destinados a toda una habitación, nos dará mejor resultado que un color determinado resulte dominante,

evitando así una combinación a partes iguales que puede parecer algo desasosegante.

ESQUEMAS DE COLOR ANÁLOGOS

Se trata de esquemas armoniosos y sedantes, que incorporan tres o cuatro colores situados en posiciones adyacentes en la rueda de color. Por ejemplo, la mezcla de turquesa, azul oscuro y verde utilizada para la cubierta de mesa de mosaico de la página 92 es un buen ejemplo. Al combinar bien juntos, esos colores constituyen una opción útil para piezas individuales de mobiliario, que a su vez precisarán ser encajadas en el contexto visual más amplio de una habitación.

Utilizado como base para un esquema cromático de habitación, un conjunto de colores análogos quizá pida a gritos un color de contraste, aunque fuera en pequeñas dosis, para contribuir a dar alegría y vida al conjunto del esquema, aunque en ocasiones un simple fondo blanco, crudo o en cualquier otro color apagado puede conseguir el mismo efecto.

Proezas en una hora

Una sola hora de creatividad, trabajando con materiales económicos, puede producir resultados enormemente satisfactorios. Estos proyectos son lo suficientemente sencillos como para que los niños puedan colaborar, especialmente en la pintura con los dedos y en el caso de ideas para rotular los nombres de los invitados en las fiestas. La confección de las pantallas y los marcos para fotografías son fundamentalmente tareas de cortar y pegar y el costurero de tela resulta perfecto como primer proyecto.

- Rótulos para invitados
- Costurero de tela
- Forros de tela para cuadros y cubiletes
- Pintura con los dedos
- Pantallas para lámparas

Rótulos para invitados

Rotular objetos con nombres propios tiene mucho que ver con que sus invitados se sientan bien tratados en una fiesta, siendo muy útiles en las fiestas de familias numerosas y en las infantiles. Unas diminutas macetas de terracota, con nombres pintados a pistola, constituyen unos accesorios de mesa muy originales que pueden combinar con palmatorias o con servilletas.

Necesitará

Unas macetas pequeñas de terracota
Pistola de encolar y cola
Papel de periódico
Pintura dorada en spray
Barniz acrílico
Pincel corriente pequeño
Espuma de poliuretano (si se va a usar como palmatoria)
Velas (si se van a usar como palmatoria)
Musgo seco

Si no ha utilizado nunca una pistola de encolar, practique escribiendo sobre un trozo de cartón antes de empezar con la maceta. Si no dispone de una pistola de encolar, también puede utilizar un poco de plastilina enrollada en tiras estrechas y largas para formar las letras. Cuando use pintura en *spray*, trabaje al aire libre o en habitaciones bien ventiladas.

1. Asegúrese de que la maceta de terracota está limpia y seca. Caliente la cola en la pistola encoladora y escriba con cuidado el nombre o las iniciales de su invitado en la maceta.

2. Cuando la cola se haya secado, sitúe la maceta sobre un periódico viejo y rocíe con el *spray* la pintura dorada. Si quiere leer el nombre sobre la terracota, puede levantar la zona encolada cuando la pintura dorada se haya secado del todo.

3. Una vez que la pintura esté seca, aplique para protegerla una capa de barniz. (Recuerde lavar a mano las macetas, ya que la mayor parte de las pinturas al *spray*, incluso barnizadas, pueden no sobrevivir al lavavajillas.)

4. Para transformar la maceta con el nombre en una palmatoria, rellene la vasija con un bloque de espuma de poliuretano recortada a su medida, practique un agujero para la vela, inserte la vela, rellene y tape los huecos con musgo seco.

Proezas en una hora

Costurero de tela

Dependiendo del tamaño, las cajas pueden resultar unas atractivas cestas de pan, unos costureros, unas bandejas de escritorio, o incluso cestos para juguetes. Estas preciosas cestas están hechas a partir de un sencillo rectángulo de tela, redondeado por los bordes y forrado con una tela que contrasta.

Necesitará

Una caja de cartón o un trozo de cartulina preparado para armar
Un cúter
Tijeras de costura
Dos piezas de tela combinadas, tan largas y tan anchas como la caja desmontada, más un plus de un centímetro y medio para poder coser
Máquina de coser
Aguja e hilo

La forma más sencilla de abordar este proyecto es usar una caja ya hecha. No obstante, puede comprar un pliego de cartulina y hacerla a su gusto, si lo prefiere.

1. Rasgue las cuatro esquinas de la caja con un cúter dejándola aplanada.

2. Utilizando la caja aplanada como si fuera una plantilla, recorte dos trozos de tela de tamaño idéntico, añadiendo un centímetro y medio de tela para poder coser el perímetro. Remate las esquinas de la tela.

3. Poniéndolas por el lado del derecho, sitúe las telas y alinéelas juntas, cosiendo a máquina por el borde exterior, dejando una abertura lo suficientemente grande en un lado, para poder introducir la caja de cartón plegada.

4. Corte con tijeras la holgura para coser, a la altura de las esquinas rematadas, recortando el exceso de tela. Vuelva hacia fuera el lado del derecho de la funda y planche.

5. Introduzca dentro de la funda de tela la caja de cartón a través de la abertura y déjela plana.

6. Cosa con cuidado la abertura. Planche extendiendo.

7. Ahora ha llegado el momento de volver a armar la caja. Levante cada uno de los cuatro lados de modo que formen ángulos rectos respecto a la base. Haga pliegues con forma de trompeta en las esquinas de tela (ver arriba).

8. Con una aguja y un hilo, cosa los pliegues de la esquina. Si quiere que la caja quede totalmente sólida, cosa a mano las esquinas en los cuatro ángulos.

Proezas en una hora

Forros de tela para cuadros y cubiletes

Para sacar partido a sus restos de tela favoritos, recoja viejos botes y algunos trozos de cartulina, y simplemente recortando y pegando, puede crear una selección de regalos prácticos y decorativos.

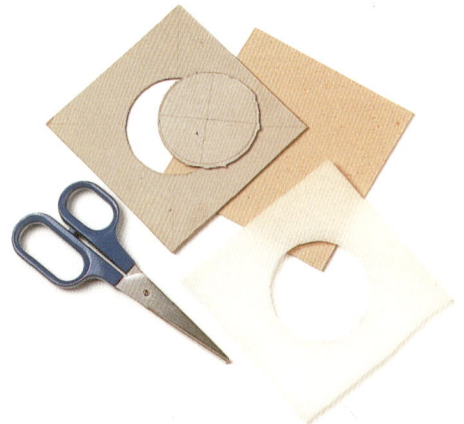

Necesitará

Un cúter o unas tijeras
Cartulina
Lápiz
Regla
Compás
Espuma para rellenar de 3 mm de grosor
Pegamento
Un aro pequeño de latón
Unos retales de tela
Unos botes pequeños (para el cubilete de los lápices)

1. Recorte dos trozos de cartulina del tamaño de su fotografía.

2. Trace una línea diagonal sobre una de las piezas de cartulina de ángulo a ángulo para localizar el centro.

3. Sitúe la punta del compás en el centro de la cartulina y trace un círculo en la zona a visualizar de la fotografía. Recorte el círculo con las tijeras.

4. Utilizando la cartulina como plantilla, recorte un trozo de espuma para rellenar, con el mismo hueco central. Pegue la espuma contra la cartulina.

5. Recorte dos trozos de tela del mismo tamaño que la cartulina, añadiendo dos centímetros y medio a lo largo de todo el perímetro. Recorte las esquinas, en forma de chaflán, dejando tres milímetros de reserva.

6. Coloque el trozo de tela para cubrir la parte delantera del marco y trace un círculo (un poco más pequeño que el primero) con el compás, como en el punto 2. Recorte el círculo. Haga unas muescas para poder doblar la tela por la abertura.

7. Después sitúe la cartulina ya con el relleno frente al revés de la tela. Doble un borde de la tela y péguelo a la parte posterior de la cartulina.

8. Doble a través de la abertura las muescas del círculo sobre la parte posterior de la cartulina (ver parte inferior izquierda de la página 21). Pegue los otros tres lados a la parte posterior de la cartulina.

9. Tome la otra pieza de tela y péguela al segundo trozo de cartulina. A continuación pegue las dos piezas de cartulina forrada de tela por tres de sus lados, dejando el cuarto para utilizarlo de abertura.

10. Cosa el aro de latón para utilizarlo como gancho.

Cubiletes para lápices

1. Recorte un trozo de tela que mida lo mismo que la circunferencia del bote que se vaya a usar, y su altura, dejando dos centímetros y medio de reserva para las vueltas.

2. Doble y pegue dos centímetros y medio de tela a lo largo del fondo y de la pared del bote.

3. Pegue la tela al bote, llegando a solapar. Remeter el borde dentro del bote y pegar.

4. En lugar de usar pegamento para hacer los dobladillos, podría rematar la tela colocando galones en la parte superior, en el reverso y en el fondo.

21

Proezas en una hora

Pintura con los dedos

La pintura con los dedos es seguramente una de las primeras técnicas utilizadas por el hombre y ciertamente la de dominio más fácil y rápido. Y si esta técnica resulta sencilla y divertida, sus resultados transmiten frescura y están llenos de energía. En este ejemplo, los dedos se aplican sobre una superficie con una capa pulverizada de barniz, dando como resultado una textura muy interesante.

Necesitará

Una bandeja fabricada con aglomerado
Pinceles corrientes
Pintura vinílica azul
Barniz teñido en rosa
Pincel para punteado
Barniz acrílico

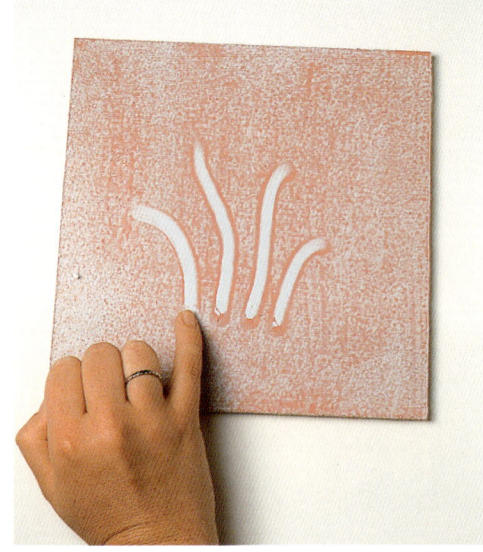

1. Asegúrese de que la superficie de la bandeja está limpia y seca. Aplique una mano de pintura de fondo con la emulsión azul, con un pincel corriente.

2. Cuando la mano de pintura de fondo esté completamente seca, aplique el barniz teñido en rosa con un pincel corriente.

3. A continuación, puntee con un pincel. Para puntear, mantenga un pincel especial para ello, con un ángulo de 90 grados sobre la superficie y, con un movimiento rápido de punteo, de unos toques sobre la superficie, manteniendo las cerdas verticales. Tenga cuidado de no curvar las cerdas.

4. El trabajo de pintura con los dedos debe comenzar cuando el barniz está húmedo. Utilice su dedo meñique, marcando primero los tallos de las flores y después el lazo que los une. Para los pétalos de las margaritas, use su dedo índice para conseguir una buena línea curva. El tiempo de secado del barniz oscila entre 10 y 15 minutos, lo que le permitirá hacer correcciones si ha cometido algún error. Pinte sobre las hendiduras dejadas por sus dedos y comience de nuevo.

5. Una vez que el barniz esté completamente seco, proteja la superficie de la bandeja con una capa de barniz acrílico incoloro.

Proezas en una hora

Pantallas para lámparas

Las pantallas de papel son muy propensas a presentar burbujas y dar una sensación gastada antes de tiempo. Aquí mostramos una manera fácil de montar una pantalla nueva o de sobreponer una lámina nueva sobre una pantalla antigua, utilizando hojas de partitura musical ampliadas en una fotocopiadora.

Necesitará

Pantalla de lámpara
Lápiz
Papel
Tijeras
Moneda
Acetato
Rotulador negro
Hojas de partitura o cartas antiguas, ampliadas y fotocopiadas
Pegamento en spray
Pegamento de contacto
Pinzas y clips
Pinceles corrientes
Barniz acrílico

Para conseguir una pantalla completamente nueva, ponga por la parte de atrás de una hoja de partitura, un acetato que, al contrario de la cartulina, no cerrará el paso a la luz. Es preciso asegurarse de no utilizar bombillas de más de cuarenta watios, como medida de seguridad. A modo de alternativa a la hoja de partitura, puede comprar y ampliar una pieza de papel para envolver regalos, con motivos de letras de estilo antiguo.

2. Dibuje la silueta de una pantalla sobre un pliego de papel, rodeándola con éste y añadiendo dos cm y medio para solapar. Recorte la pieza para hacer una plantilla.

3. Ponga una moneda en el borde curvo inferior de la plantilla y recorte alrededor. Prosiga con esta tarea hasta que consiga dejar completamente festoneado el borde.

4 A continuación coloque la plantilla de papel al dorso de la hoja de partitura musical y recorte. Si está haciendo una pantalla nueva, utilice una plantilla para recortar el acetato. En una habitación bien ventilada, fije con *spray* el acetato y la partitura. Después deje secar.

5. Dé forma a la pantalla uniendo los bordes y manteniéndolos con clips o pinzas hasta que el pegamento esté seco completamente.

6. Si está haciendo una pantalla completamente nueva, necesitará unir un marco metálico de pantalla para sostenerlo en el pie de la lámpara de forma estable.

7. Si está recubriendo una pantalla antigua, aplique moderadamente pegamento en *spray* por el lado interno de la partitura musical, y sitúela después sobre la antigua. Déjelas secar. Proteja tanto la nueva, como la pantalla transformada, con barniz acrílico transparente.

Transformación en dos horas

A través de una mirada imaginativa, incluso los elementos más impersonales de una casa pueden ofrecer una enorme riqueza de posibilidades decorativas. Un marco puede ser convertido en un espejo o en un candelabro, unos simples tiestos de terracota pueden ser transformados en piezas de exposición, y un sencillo marco de madera puede ser transformado en otro de caoba pintándolo al vinagre.

- Marco con búcaros
- Pieza de terracota pintada a mano y barnizada
- Ventana de cristal esmerilado
- Marco pintado al vinagre
- Candelabro hecho con un marco

Transformación en dos horas

Marco con búcaros

Un tratamiento original aplicado a un simple marco convencional consigue dar un acabado de efecto pintura y una segunda función como jarrón usando búcaros magnéticos.

Necesitará

Un marco de aglomerado, de 30 x 35 cm, aproximadamente
Pinceles corrientes
Pintura vinílica de color crudo
Cinta de enmascarar
Dos barnices teñidos en azul tropical y verde menta
Pistola grapadora
Búcaros magnéticos

Un marco ornamental puede ser transformado en un jarrón, siempre que tenga una superficie lisa en el marco lo suficientemente grande como para acoger unos soportes en los ángulos rectos. La solución alternativa, que puede apreciarse a la derecha, consiste en unos ganchos decorativos fijados al marco de la misma forma.

Para obtener unos resultados más profesionales, con un pincel especial podemos lograr un efecto de rayado, aunque para superficies pequeñas un pincel pequeño servirá igual.

1. Pintar el cuadro con la pintura de color crudo. Cuando se seque, tape mediante cuatro franjas diagonales los ángulos del marco, con el fin de crear ángulos en inglete. Prepárese para pintar primero dos lados opuestos del marco.

2. Usando un sencillo pincel casero, pinte una línea de barniz azul tropical a lo largo del borde externo del marco. Después pinte la parte interior con barniz de color verde menta. Mientras va pintando, aplique el pincel a lo largo del barniz en línea recta, con el fin de crear un efecto de rayado.

3. Cuando se seque el barniz, despegue la cinta. Después cubra como antes con cinta de enmascarar los ángulos del marco en diagonal, como antes, aplicando la cinta sobre el barniz. Pintar los dos lados restantes del marco de la misma manera.

4. Una vez que el barniz esté completamente seco, fije dos gruesas grapas metálicas la una junto a la otra en la mitad de uno de los lados del marco, más o menos a una altura de tres cuartos hacia abajo. Repetir la operación en el lado opuesto del marco. Fije a las grapas los búcaros de soporte magnético. Llene los búcaros con agua, corte los tallos a medida y ponga sus flores.

Transformación en dos horas

Pieza de terracota pintada a mano y barnizada

Los objetos de terracota son muy estimados y, pintados a mano, pueden dar un efecto personal y lleno de color. La pintura a mano no requiere habilidades extraordinarias y, con el trabajo de una tarde, podemos completar una alacena. Unos tiestos pueden transfomarse en preciosos jarrones, y los cuencos y platos llanos resultan perfectos como fruteros.

Necesitará

Pinceles corrientes

Una primera capa de pintura vinílica de color crudo

Tres barnices teñidos en terracota rojizo, azul brillante y verde brillante

Un paño

Un pincel para estarcido

Un pincel de un toque de un centímetro de grosor. Se trata de un pincel plano y rectangular, que resulta idóneo para pintar líneas rectas cortas y manchas cuadradas

Pincel artístico del número 12

Barniz acrílico

Aunque naturalmente usted puede hacer sus propios diseños, las instrucciones que damos aquí le ayudarán a crear el plàto que se muestra en la estantería inferior del aparador de la izquierda. Una idea para realizar las hojas puntiagudas consiste en situar la punta del pincel donde quiera poner el final de la hoja, y después presionar gradualmente levantando el pincel poco a poco hacia el lado opuesto. La presión abrirá las cerdas del pincel, creando un abultamiento ligero, dando a la hoja o al pétalo la silueta adecuada. Si usa un barniz coloreado opuesto al color sólido, los resultados serán infinitamente más profesionales y delicados. Pruebe primero sus ideas sobre un trozo de papel de calcar recortado al tamaño del plato o bien utilice un plato de papel. Puede plegarlo en ocho secciones iguales para poder espaciar correctamente los motivos decorativos.

1. Utilizando un pincel corriente, pinte el interior del plato con emulsión de color crudo y déjelo secar. Escoja un barniz de base y aplique con un pincel casero. Dé inmediatamente después unos ligeros toques con un trapo, a fin de difuminar las pinceladas y crear un efecto disperso y fuertemente texturado.

2. Para trazar la línea blanca que rodea al plato, recubra su dedo con un trozo de paño, y deslícelo a lo largo del borde interior. Al levantar el barniz, queda expuesta la pintura blanca que hay debajo. Para obtener una línea de color, sumerja el pincel en el barniz y aplique de la misma manera, presionando y aplicando alrededor del plato, utilizando el borde como guía. El exceso de barniz se desplaza hacia la parte externa de las cerdas, dando lugar a dos líneas de la anchura del pincel. Déjelo secar.

3. Para hacer las líneas alrededor del borde externo del plato, utilice un pincel de un solo toque, recargándolo de pintura cuando sea preciso. Intente mantener espacios iguales, pero tampoco se preocupe demasiado por ello. El efecto rústico de este diseño frecuentemente se ve mejorado con las imperfecciones.

Para crear motivos complicados, ya sean hojas y flores, o lazos y lunares, utilice un pincel artístico del número 12, trabajando desde arriba hacia abajo. Resulta una buena idea seguir los trazos de un papel de calco previamente diseñado para esta fase del trabajo.

4. Cuando esté seco, aplique una mano de barniz acrílico. No ponga jamás la pieza terminada en un lavavajillas. En lugar de eso, límpiela con un trapo húmedo.

Transformación en dos horas

Ventana de cristal esmerilado con estarcidos

Esmerilar una ventana, y decorarla con estarcidos, es una forma inteligente de hacerla opaca cuando den a un lugar poco vistoso, o de transformar una anodina ventana en una obra de arte.

Necesitará

Cinta métrica
Tijeras
Una hoja grande de papel
Estarcidos de doble capa de tiestos con flores
Estarcidos de doble capa de hiedras y mariposas
Pegamento en spray
Pintura para estarcir:
Para la maceta, terracota y negro
Para las flores, rosa brillante y amarillo azafrán
Para las hojas y la hiedra, verde bosque
Para la mariposa, azul, amarillo y verde
Pincel para estarcir
Barniz para esmerilado
Rodillo de cinco centímetros y cubeta

Como resulta obvio, usted puede cambiar el estilo de esta idea. Podría utilizar un *spray* de aguafuerte para cristal en lugar de pinturas de colores para estarcido. Si desea transmitir una sensación más tradicional, use unos estarcidos de estilo victoriano, y para un efecto menos rebuscado, utilice un estarcido moderno.

Antes de comenzar, asegúrese de que su ventana esté limpia, libre de materias grasas, y de que el cristal esté seco y no demasiado frío, ya que el vapor condensado puede llegar a estropear el resultado.

1. Mida su ventana y recorte un trozo de papel de las mismas dimensiones, de forma que pueda trazar sobre él sus dibujos. Resulta aconsejable estarcir una prueba.

2. Una vez que haya quedado satisfecho con su dibujo, comience por estarcir los pétalos de las flores y las hojas, siguiendo las instrucciones de color de la lista anexa. Rocíe con el *spray* adhesivo los estarcidos de doble capa, utilizando su pincel de estarcir para completar la tarea. Deje secar.

3. Retire la plantilla. Prosiga decorando la superficie de la ventana, aplicando de nuevo la plantilla y teniendo cuidado de no tocar otra vez las zonas tratadas.

4. Cuando haya terminado de estarcir las flores y las hojas, proceda a aplicar la plantilla de las tres macetas, usando pintura de color terracota, con pintura negra alrededor de los bordes. Deje secar.

5. Repita el proceso para la hiedra y las mariposas hasta que toda la ventana haya sido decorada.

6. Cuando haya acabado de estarcir la ventana y ésta esté completamente seca, puede aplicar el barniz esmerilado. Vierta una pequeña cantidad de barniz de esmerilar en la cubeta (o en un plato viejo). Sumerja el rodillo en el barniz, retirando cualquier exceso del mismo con un trozo de papel absorbente o un paño. Aplique el barniz sobre la ventana con los estarcidos para lograr un efecto esmerilado.

Transformación en dos horas

Marco pintado al vinagre

Una forma fácil y rápida de conseguir una apariencia de caoba. En esta técnica se utiliza el veteado al vinagre, tan popular en Escandinavia. Aplicada sobre una capa previa de terracota intenso, la pátina de caoba se estampa con marcas hechas con los pulgares y los otros dedos de la mano.

 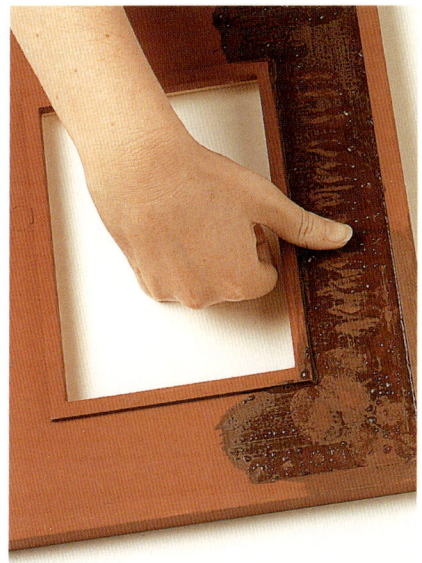  

Necesitará

Un marco de cuadro sin barnizar
Pintura vinílica de color terracota oscuro (el mate es demasiado absorbente)
Pinceles corrientes
Una cucharilla de café con pigmento de pintura negra
Dos cucharillas de café con pigmento de pintura color crudo
Un cuenco para hacer la mezcla y un plato pequeño
Alrededor de 280 mililitros de vinagre
Un chorro generoso de lavavajillas
Dos cucharillas de café de azúcar
Barniz acrílico

Es preciso trabajar sobre una superficie plana ya que el barniz —una mezcla de vinagre, líquido para lavar vajillas y pigmentos de pintura— es muy fluido. No se amilane por la deslucida apariencia inicial del veteado, pues sólo llega a tener una apariencia brillante bajo una capa de barniz. Las cantidades que hemos indicado dan barniz suficiente como para cubrir un marco que mida aproximadamente 25 x 20 centímetros. No obstante, se puede aplicar esta técnica sobre cualquier superficie de madera.

1. Antes de comenzar, asegúrese de que el marco está liso y limpio. Pinte el marco con una primera mano de emulsión de terracota. Mientras se está secando, disuelva los pigmentos de pintura en agua fría durante cinco minutos y, después, mézclelos con el vinagre, el líquido de lavar platos y el azúcar.

2. Aplique la mezcla de vinagre al marco con un pincel. Cubra a la vez un lado y una esquina del marco.

3. Utilizando el lateral de una mano, haga una línea de marcas alargadas a lo largo de un lado del marco, con un movimiento de golpeteo rápido.

4. A continuación, utilizando la punta de su dedo índice, haga marcas redondas puestas junto a la parte más próxima al borde de las formas alargadas que hizo antes.

5. Con su dedo pulgar, dibuje una forma abanicada en una esquina. Luego repita este proceso a cada lado del marco.

6. Deje secar el marco y termine su tarea con la aplicación de dos capas de barniz acrílico.

Transformación en dos horas

Candelabro hecho con un marco

Cree lo último en iluminación para cenas románticas con un candelabro cubierto de flores. Perfecto para mesas con poco espacio disponible, usted puede renovarlo con adornos en Navidad.

Necesitará

Un marco redondo de aglomerado de unos treinta cm de diámetro.
Pintura dorada
Polvo color bronce
Taladro con broca de 10 mm
Papel de lija
Rodillo pequeño
Pintura blanca
Seis casquillos para empalmar y tornillería
Destornillador
Tijeras
Cuerda natural
Gancho de techo
Velas antigoteo (para colocar en los casquillos)
Hiedra auténtica o artificial
Algodón
Pistola grapadora

1. Pintar el marco de color dorado. Puede rociar por encima un poco de polvo de bronce para hacerlo destellar. Déjelo secar.

2. Con una broca de diez milímetros, haga tres agujeros equidistantes alrededor del centro del marco. Lije cualquier rugosidad.

3. Con un rodillo pequeño, aplique la pintura blanca de forma no muy igualada. Deje secar.

4. Atornille de forma equidistante los casquillos al marco, a razón de dos entre cada agujero.

5. Corte tres trozos de gruesa cuerda natural, lo suficientemente largos como para colgar el conjunto de un gancho colocado en el techo encima de su mesa de comedor. Ensarte las cuerdas a través de los agujeros y practique un nudo al final de cada trozo de cuerda para sujetarlo.

6. Introduzca las velas en los casquillos. Decórelas a su gusto. Si utiliza flores auténticas u hojas, envuelva los tallos en algodón humedecido. Grape en posición adecuada las ramas de hiedra.

7. Fije el candelabro terminado en el gancho del techo. Nunca deje el candelabro encendido y solo.

Cambios en una mañana

Saque el mayor partido a sus mañanas con estas encantadoras tareas decorativas, que muestran cómo puede animar una alacena sin encanto y vestir una ventana sin poner en marcha la máquina de coser. Una cubierta de mesa sin gracia se transforma completamente mediante un efecto de pintura de veteado de madera, y un viejo aparador cambiará como por arte de magia, convirtiéndose en una casa de muñecas.

- Alacena de estilo gustaviano
- Estor de tela plisada
- Alacena de casa de muñecas
- Biombo para una ventana
- Tocador de estilo gustaviano
- Estor decorado a mano
- Marco oriental de bambú
- Consola de estilo antiguo

Cambios en una mañana

Alacena de estilo gustaviano

Usted puede transformar una útil, pero anodina alacena, en algo especial, añadiéndole elementos de arquitectura, hechos a partir de formas recortadas en contrachapado.

Además de añadir las formas recortadas, se transformaron las proporciones algo rechonchas de esta alacena, mediante el aumento de su altura con un adorno hecho a base de molduras talladas. Éstas se atornillaron a una pieza de contrachapado recortada igual que las líneas curvas de las molduras.

1. Prepare su alacena lijándola y quitándole cualquier rugosidad.

2. Mida la parte interna de los paneles superior e inferior de las puertas y recorte plantillas de papel del mismo tamaño. Doble por la mitad la plantilla para la parte superior. Dóblela otra vez por la mitad y trace con la regla unas líneas para crear las formas romboidales del interior. En función de las proporciones de su alacena, podrá decidir hacer una forma romboidal en vez de dos.

3. Utilizando como plantilla un plato o cualquier otra forma circular, trace un círculo en la plantilla de papel del panel inferior.

4. Recorte las formas circulares y romboidales. Utilizando los bordes externos de las plantillas, trace las correspondientes formas sobre el contrachapado. Recorte con una sierra de vaivén un número suficiente de formas para ambas puertas. Lije todas las rugosidades. Compruebe que las piezas encajan en el

Necesitará

Cinta métrica
Lápiz
Tijeras
Papel
Regla
Plato o forma circular
Plancha de contrachapado de seis mm de grosor
Sierra de vaivén
Pegamento para madera
Lija de grano medio
Dos molduras talladas a juego
Pinceles corrientes
Una pieza de madera de 5 x 5 cm, que mida lo mismo que la anchura de la alacena
Tornillos
Destornillador
Pintura verde grisáceo

contrachapado para crear las formas deseadas.

5. Aplique pegamento para madera en los frontales de la alacena y en las placas de contrachapado con el fin de fijar las piezas en su posición definitiva.

6. Para hacer el zócalo decorativo, confeccione en primer lugar una plantilla de papel. Recorte una pieza de papel que mida 30 cm por el ancho de la alacena, y póngala en el suelo. Coloque encima del papel las molduras decorativas con un ángulo de 45°, uniéndolas en el centro para crear una forma bonita para la parte posterior. Trace una línea a lo largo de los límites de las molduras. Recorte las plantillas de papel.

7. Traslade estas formas sobre el contrachapado de madera y recorte con cuidado con la sierra de vaivén.

8. Una las molduras al zócalo de contrachapado usando pegamento para madera.

9. Corte una pieza de madera de 5 x 5 cm de la misma longitud que la anchura de la alacena. Atorníllela al borde inferior del contrachapado. Atorníllela a su vez a la parte superior de la alacena.

10. Píntela de verde grisáceo o del color de su elección.

Estor de tela plisada

Para aquellas personas que no saben coser, he aquí una oportunidad de hacer un estor con forma de abanico, lleno de estilo, en un vaporoso tejido de color crema sin apenas tener que coser.

Necesitará

Tela suficiente como para cubrir a lo largo y a lo ancho la ventana (y algo más de tela a lo ancho para permitir el plisado, y holguras para dobladillos, como verá en el punto número uno)
Aguja e hilo
Cinta de la que se adhiere con plancha
Caja de ojetes
Cordón para estores
Un listón de un centímetro de grueso igual de largo que el ancho de su ventana
Dos cáncamos
Abrazaderas
Pistola grapadora
Borlas
Soportes con tornillos

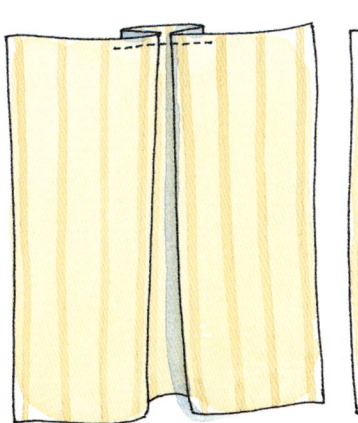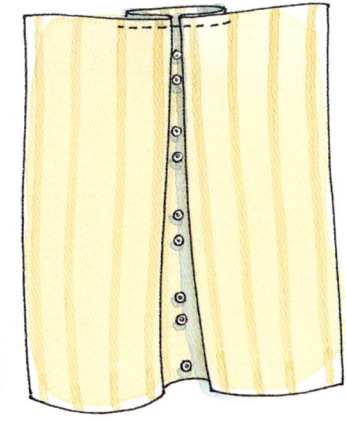

1. Mida la anchura y la profundidad de su ventana, añadiendo 35 cm a la anchura (30 cm para el plisado y 2,5 cm para los dobladillos laterales), y 5 cm a lo alto para los dobladillos superior e inferior. Corte la tela a este tamaño. Dependiendo de la anchura de su ventana, puede llegar a tener que coser juntos dos anchos de tela.

2. Haga dobladillos de un centímetro en la parte superior, inferior y a los lados, y cósalos o afírmelos con una cinta de las que se aplican con la plancha.

3. A continuación, haga un profundo pliegue de 7,5 cm en el centro del estor para recoger los 30 cm sobrantes. Afirmar con una línea de puntadas (ver en la ilustración de la derecha).

4. Comenzando por la parte inferior, por el centro del pliegue, y siguiendo las instrucciones, coloque el primer ojete. Después, haga una línea de ojetes en parejas, separados por unos 4 cm, dejando 20 cm entre cada pareja a lo largo del centro del estor.

5. Haga pasar el cordón del estor desde el ojete de abajo, pasándolo por la parte posterior de la tela, enlazando cada pareja de ojetes.

6. Atornille los soportes al listón de madera. Fije los cáncamos al listón, uno en el medio y otro a un extremo. Después atornille una abrazadera hacia la mitad de un lado del marco de la ventana.

7. Una el estor al listón, usando la pistola grapadora. Haga pasar el cordón del estor a través de dos ojetes (el de en medio primero). Fije la borla al cordón central en el extremo inferior del cordón.

8. Coloque el listón en su posición, fijándolo, bien en el interior, bien en el exterior, del derrame de la ventana. Para elevar el estor, tire del cordón y enróllelo haciendo una figura de ocho alrededor de la abrazadera.

Cambios en una mañana

Alacena de casa de muñecas

He aquí una manera imaginativa de dar a unas viejas puertas de alacena una nueva vida, utilizando pintura y plantillas para estarcir. Pensado para unos padres abnegados capaces de usar una sierra de calar. La ventana y la forma de la puerta principal pueden ser recortadas y atornilladas sobre bisagras.

Necesitará

Lápiz
Papel de estraza
Cinta métrica
Tijeras
Destornillador
Aguarrás
Regla
Cinta de enmascarar
Pinceles corrientes
Pintura acrílica de color crudo, amarillo, azul, gris y negro
Pinceles para estarcir
Lápices pastel para estarcir en negro, marrón, azul, verde y rojo ladrillo
Conjunto de plantillas que incluya balaustrada, columnas principales, ventanas, arbustos de laurel para la entrada y puerta principal
Un trozo de papel o cartulina
Pegamento en spray

Pruebe antes su diseño sobre una pieza de papel de estraza recortada al mismo tamaño que las puertas de la alacena, dibujando los distintos elementos de la fachada. Asimismo, desmonte las puertas de la alacena, de modo que disponga de una superficie plana para poder trabajar sobre ella. Utilice lápices pastel que no emborronen, y así, si comete algún error puede utilizar aguarrás para corregir y empezar de nuevo. Para obtener unos resultados realmente convincentes y un efecto tridimensional, deje más claras las zonas centrales del estarcido y oscurezca más las zonas exteriores. Es muy importante el sombreado de la línea del tejado.

Para conseguir aportar al conjunto variedad de texturas y colores, puede sobreponer colores de estarcido, pero recuerde siempre que ha de utilizar un pincel diferente para cada color.

1. Con un lápiz y una regla, trace las líneas de las columnas, la línea del tejado, el frontón inclinado, y si queda sitio, un borde de hierba. Tape con cinta estos elementos. Utilice tres líneas paralelas de cintas para el techo inclinado.

2. Pinte el cielo azul y el cuerpo del edificio en amarillo pálido. Cuando se seque, vuelva a tapar las líneas a lo largo de las columnas. Pinte en gris los bordes externos y de azul el centro.

3. Levante la cinta a lo largo de la línea del tejado y pinte de gris. Vuelva a tapar para pintar la línea superior en un matiz más oscuro de gris (añada negro al gris del que disponga). Pinte la línea de abajo en amarillo oscuro. Vuelva a tapar otra vez la línea del tejado y dé sombra a la línea de abajo utilizando un pincel de estarcir ligeramente empapado en pintura acrílica gris.

4. Al utilizar los lápices pastel para estarcir, aplique en primer lugar un movimiento circular, dibujando un pequeño círculo sobre una pieza de papel corriente o de cartulina. Después, extienda el color aplicando el pincel para estarcir sobre la mancha de color, haciendo uso del mismo movimiento circular. Una vez que hayamos cargado el pincel, aplíquelo sobre la plantilla de estarcir con la misma acción de frotamiento.

5. Estarcir a continuación la balaustrada y las columnas principales con el lápiz negro y el marrón. Aplique cinta enmascarante a la parte inferior de la línea de la balaustrada, y dé sombra abajo con un pincel de estarcir. Tape las columnas de la misma forma, ensombreciendo sólo el lado derecho, de modo que parezcan sostener los muros.

6. Estarcir las ventanas, sombreando la parte central en gris y los marcos en azul. Para terminar, estarcir la puerta principal y los arbustos de laurel.

7. Aplique por lo menos dos o tres capas de barniz acrílico para proteger las puertas. Cuando se sequen, fije de nuevo las puertas a la alacena.

Cambios en una mañana

Biombo para una ventana

En la mayor parte de las ventanas en áreas urbanas, se puede ver el cielo por encima del nivel de los ojos, pero la parte inferior suele dar a fachadas de casas vecinas. Un biombo de media altura, tapizado con una tela bonita, supone una compensación para la falta de color que se aprecia fuera.

Necesitará

Destornillador

Un biombo plano que tape más o menos dos tercios de la ventana

Tela estampada con floreros para tapizar el frontal de los paneles (o bien la tela de su elección)

Jaboncillo de sastre

Tijeras de costura

Acolchado de terileno de media densidad para recubrir ambas caras de los paneles

Tela a cuadros para tapizar la parte de atrás de los paneles (o la tela de su elección)

Pistola grapadora

Pegamento para tela

Agremán para rodear el perímetro de los paneles

Una idea adicional, para mejorar sus vistas del cielo, consiste en poner plantas sobre una estantería que atraviese la ventana. Las mías son macetas azules y blancas, que combinan con las que sirven de estampado en la tela que tapiza el biombo.

1. Desatornille los paneles del biombo. Deje un panel sobre la tela destinada a tapizar la cara anterior (la de las macetas), silueteando su forma con el jaboncillo de sastre. Recorte la forma del panel añadiendo 10 cm alrededor para las vueltas.

2. Utilizando este panel como plantilla, recorte cuantos paneles de tela hagan falta para la parte anterior y posterior del biombo, y después recorte, al mismo tamaño, las piezas de relleno.

3. Coloque el relleno en la parte anterior del primer panel del biombo, y sitúe encima la tela de macetas con flores. Estire y envuélvala alrededor de los bordes del biombo, grapándolo por la parte posterior. Coloque la segunda grapa en el lado opuesto. Ponga una grapa en el lado superior y otra en el inferior con el fin de mantener lisa la tela.

4. Siga grapando hasta que la tapicería quede firme, dejando un espacio de 2,5 cm entre grapas. Para hacer bien las esquinas, doble la tela con un ángulo de 45°. Repita este proceso hasta tapizar los cuatro paneles.

5. Dé la vuelta a los paneles y sitúe la tela de cuadros encima. Doble los remates debajo de los bordes del biombo. De nuevo grape la tela.

6. Para recubrir las grapas, pegue el agremán. Recoloque las bisagras utilizando los orificios de tornillos que había.

Cambios en una mañana

Tocador de estilo gustaviano

Puede llevar muchos años de práctica en pintura lograr un acabado atractivo y difuminado, pero aquí se muestran algunos trucos para ayudar a reproducir los efectos del tiempo. De todas las formas de envejecimiento instantáneo de muebles baratos, ninguna es tan fácil como la pintura por capas, en la que se utilizan barnices preteñidos sobre una base de color para conseguir una pátina muy variada.

Necesitará

Pintura color terracota
Un pincel de 5 cm
Una mesa de escritorio de estilo antiguo en aglomerado
Cinta de enmascarar
Una vela casera
Pintura dorada para estarcir
Pintura vinílica blanco marfil
Barniz teñido de color verde manzana
Lija de grano fino
Cera acrílica de decorador

El elegante atractivo de los muebles suecos del siglo XVIII —conocidos como de estilo gustaviano— nunca ha sido mayor. Las antigüedades auténticas son caras y escasas, pero he aquí una fórmula en capas muy fácil de ejecutar, en colores crudo y dorado, para recrear el pálido estilo gustaviano, lleno de gracia.

1. Aplique una mano de pintura color terracota al tocador y deje secar.

2. Cuando se seque, cubra las patas y los bordes para ser pintados en dorado y, utilizando una vela casera común, deje caer cera sobre los bordes exteriores, bordes frontales y patas. Pinte una fina capa de pintura dorada para estarcir en la parte superior

3. Quite la cinta y vuélvala a poner para cubrir la cubierta de la mesa, el frontal, la parte posterior y los lados. Pinte estas áreas con una fina capa de color blanco marfil. Deje secar. Después, con una lija fina, levante algo del blanco a fin de mostrar algunas líneas de la primera capa color terracota.

4. Pinte otra vez sobre la superficie, esta vez con una capa de barniz color verde manzana. Cuando se seque, cubra con cera de barnizar.

5. El espejo del tocador ha sido pintado en los mismos colores y siguiendo los mismos pasos, pero con un uso ligeramente más vigoroso de la lija, para conseguir un efecto más fuerte. El taburete ha sido pintado primero con pintura blanco marfil y después se le ha aplicado una capa del barniz verde manzana.

Estor decorado a mano

Si le gustan las contraventanas, pero no se siente muy seguro al trabajar sobre madera, un estor hecho de materiales opacos y que cuelgue de una barra giratoria es una buena alternativa. Puede pintar sus imágenes favoritas directamente sobre el estor con pintura para telas o con rotuladores.

Necesitará

Tijeras

Una pieza de tela opaca gruesa, cortada al tamaño de su ventana, más 10 cm para el marco de la ventana

Máquina de coser

Regla y lápiz

Rotuladores para pintar tela en azul, verde, gris y amarillo o rotuladores de trazo grueso

Papel de calcar

Cinta adhesiva (para fijar en su sitio el papel de calcar y el papel carbón)

Papel carbón

Una barra portadora giratoria

Sierra para metales

Tornillos y destornillador

Las ventajas de utilizar tela gruesa opaca consisten en que la tela no se deshilacha y necesita poca costura.

Un consejo útil a la hora de utilizar los rotuladores para pintar telas es aplicarlos con suavidad para evitar que se corra la pintura.

En las texturas más lisas, los rotuladores deben ser dirigidos en la misma dirección en cada capa. Es mejor dejar secar primero cada uno de los colores antes de empezar a trabajar con otro.

1. Corte la tela al tamaño de su ventana, añadiendo 10 cm de longitud para los marcos.

2. Para hacer el pliegue del marco de 10 cm haga un dobladillo sobre el reverso a lo largo del borde superior y cósalo a máquina.

3. Dibuje un falso marco sobre la tela utilizando una regla y un rotulador fino de punta negra.

4. Dibuje, fotocopie y amplíe las imágenes que haya escogido y transfiéralas al estor utilizando papel carbón (ver arriba). Como solución alternativa, puede copiar las nubes, el pájaro y las flores que le mostramos en estas páginas.

5. Pinte las imágenes con pintura para telas o rotuladores de trazo grueso. Deje secar.

6. Corte la barra al tamaño adecuado con la sierra para metales. Atorníllela a la esquina superior del derrame de la ventana y coloque en su sitio el estor.

Cambios en una mañana

Marco oriental de bambú

Como alternativa al uso de cortinas o colgaduras de pared para cubrir los espacios vacíos detrás de la cama, unas sencillas pantallas de bambú suponen una solución visual relajante y sin complicaciones, y aportan una dosis de sosiego japonés al dormitorio. Ideal para un estilo minimalista, la belleza de la idea puede ser incrementada o disminuida según la tela elegida.

Necesitará

Hilo de coser, tijeras y alfileres
Tela
Máquina de coser
Ojetes
Cañas de bambú
Sierra para metales
Pegamento para madera
Cordel
Ganchos para cuadros

El tamaño y la forma de estos paneles puede ser alterado para adaptarse a las dimensiones del espacio de la pared que usted quiere decorar, pero en general, un conjunto de dos o tres paneles combinados y alineados, o bien colocados de forma escalonada, del modo que se muestra aquí, conforman un planteamiento gráfico más sofisticado que un solo marco de bambú.

1. Decida sobre el tamaño y el número de paneles que quiere hacer. Corte dos trozos de tela por cada uno de los paneles, añadiendo un centímetro alrededor para las holguras de las costuras.

2. Para cada panel, coloque dos piezas de tela con los lados anteriores enfrentados, y cósalos por los cuatro lados, dejando un espacio de 15 cm a lo largo de uno de los lados. Dé la vuelta a la tela y después planche.

3. Siguiendo las instrucciones de la caja de ojetes, sitúe uno en cada una de las cuatro esquinas pertenecientes al panel de tela.

4. Corte cuatro piezas de bambú de la misma longitud del panel de tela, con un suplemento de 51 cm, y cuatro piezas igual de largas que la anchura del panel más un suplemento de 30 cm.

5. Póngalos en el suelo, solapando los límites para formar un efecto entrecruzado. Para evitar que los bambúes se deslicen, aplique algo de pegamento para madera entre las varas, allí donde después van a ser atadas con cordel.

6. Asegure las piezas de bambú con cordel enrollándolo alrededor de los puntos de cruce. Puede hacer esta operación de la forma que mejor le parezca, siempre que el resultado final sea bueno. Recorte las sobras de cordel.

7. Pase un trozo de cordel a través de cada uno de los cuatro ojetes de la tela para hacer una doble vuelta y anudarlos a la parte superior e inferior del marco.

8. Anude cordel a cada uno de los ángulos de la parte superior de cada panel y cuélguelo de un gancho de cuadro.

Cambios en una mañana

Consola de estilo antiguo

Esta mesa de aglomerado, sencilla y sin mucho interés, ha sido pintada en capas de barniz, y después pintada y estarcida para transformarla en una delicada consola al estilo antiguo.

Necesitará

Pinceles corrientes
Pintura vinílica verde menta
Pintura vinílica blanco marfil
Barniz teñido azul
Cinta de enmascarar
Barra azul para estarcir
Papel
Pincel para estarcir
Hoja y media de plantilla para estarcir, de media luna
Lija
Cera acrílica para barnizar
Un paño suave

1. Aplique una base verde menta y deje secar.

2. A continuación dé una capa de pintura aguada de color blanco marfil. La proporción debe ser mitad y mitad.

3. Extienda una capa de barniz teñido azul. Puede hacer su propia mezcla usando difuminador y pintura acrílica azul cobalto.

4. Cuando se seque por completo (si resulta posible deje pasar una noche entera), cubra con cinta dos líneas paralelas curvas alrededor del borde superior de la mesa, utilizando la cinta de enmascarar flexible, dejando un estrecho espacio de un centímetro entre las líneas. Frote la barra azul para estarcir sobre un plato de papel y tome el pigmento con un pincel para estarcir. Mediante un movimiento de rotación, dé el pigmento sobre la zona expuesta con el fin de crear la línea azul.

5. Aplique la hoja y media de plantilla para estarcir de media luna, utilizando la barra azul. Después de 24 horas de secado, frote suavemente con una lija para reforzar el aspecto envejecido.

6. Dé una capa de cera acrílica para barnizar usando un paño suave.

ENVEJECIDO

1. Al escoger colores, recuerde que al principio de decorar mobiliario, la gama de colores era limitada. Los pigmentos de la gama tierra, que dan el amarillo ocre, los verdes apagados y los marrones rojizos, estaban disponibles sin mayores dificultades. Para apagar los colores modernos, termine dando una capa de cera para muebles o crema incolora de calzado.

2. Si le resulta factible, use pinceles sin restos de pintura. Cuando use un pincel antiguo, si las cerdas se quedan con pintura, quítela antes de que se seque.

3. En lugar de un pincel, pruebe con un pequeño rodillo de 5 cm que produce un efecto desigual.

4. Para dar más color de base en los sitios adecuados, utilice una lija fina alrededor de las zonas en las que crea que se va a dar más desgaste.

5. Para dibujar líneas rectas alrededor de cajones y cubiertas de mesa, utilice cinta de enmascarar, que es de adhesión ligera y hace menos probable que levante la pintura cuando la retire.

Evasiones nocturnas

Los proyectos capaces de absorbernos después de un exhaustivo día de trabajo necesitan ser relajantes y no excesivamente difíciles. Como la idea que una persona pueda tener acerca de lo que es una velada divertida y creativa no tiene por qué coincidir con la de otra, he aquí una variada selección de imaginativas soluciones decorativas para poder escoger.

- Cubierta de mesa veteada y estarcida
- Cortinas rematadas en copa
- Trampantojo sobre el aparador de la cocina
- Contraventanas decoradas
- Pantalla para chimenea
- Alacena con falsa rejilla
- Silla de pino estarcida
- Mesa taburete para café

Evasiones nocturnas

Cubierta de mesa veteada y estarcida

Una pieza de melamina se transforma en una decorativa cubierta de mesa de madera, aplicando una imitación de veteado creado con barnices teñidos y con un veteador. Para una mesa de estilo jardín, el borde y las esquinas veteadas se aplican con una esponja empapada en dos colores.

Necesitará

Lija de grado medio
Un paño suave
Un convertidor acrílico, o una imprimación para azulejo o plástico de buena calidad
Barniz teñido de color verde pino
Barniz teñido de color gris pálido
Pinceles corrientes
Pincel ancho de decorador
Veteador de trazo largo y suelto
Plantilla para estarcir los lados y los ángulos
Pegamento en spray
Esponja natural
Pintura para estarcir verde caqui y gris oscuro
Barniz resistente al agua y al calor

1. Lije la superficie de melamina con el papel de lija para prepararla para pintar. Limpie, y después aplique un convertidor acrílico u otro producto similar.

2. Cuando seque completamente (puede durar 24 horas), dé dos capas de barniz teñido con un pincel casero corriente, en fragmentos separados y aleatorios. Tenga cuidado de no mezclar los colores.

3. Mientras las capas están aún húmedas, dé pinceladas en dirección longitudinal con un pincel de decorador ancho. Una vez que la superficie esté cubierta uniformemente, repinte una línea recta longitudinal a lo largo de la superficie de la cubierta de la mesa, apretando bastante, para crear tres líneas separadas por unos 20 cm, que parezcan como ranuras entre planchas de madera.

4. Desplace el veteador entre las planchas en la misma dirección mediante un ligero movimiento basculante. Empuje el veteador en un flujo continuo. Como la mayoría de los barnices tardan en secar entre 10 y 15 minutos, tendrá tiempo para rehacer cualquier error.

5. Cuando se seque, fije la plantilla para estarcir con pegamento de spray. Con una esponja natural, aplique la pintura para estarcir de color verde caqui, y luego la de color gris oscuro para lograr un efecto veteado rugoso.

6. Cuando se seque, aplique tres capas de barniz resistente al agua.

Evasiones nocturnas

Cortinas rematadas en copa

Para una interpretación contemporánea de un clásico de siempre, las cortinas rematadas en forma de copa pueden confeccionarse de una forma rápida utilizando un conjunto de ojetes, siendo preciso un trabajo de costura mínimo. Se trata, obviamente, de un atractivo extra para las personas que no cosen.

Necesitará

Cinta métrica y tijeras
Tela suficiente como para cubrir su ventana
Máquina de coser
Aguja, hilo y alfileres
Entretela de refuerzo de 13 cm de ancho, el ancho de su cortina menos el ancho del dobladillo lateral
Conjunto de ojetes (seis ojetes por copa)
Anillos pequeños de latón (uno por pliegue)

Tradicionalmente, las cortinas rematadas en forma de copa eran cosidas a mano. Yo he concebido un sistema que implica una mínima necesidad de costura. La elección de una tela a rayas hace mucho más sencillo el trabajo. Por ejemplo, la raya más estrecha en esta tela es un ancho perfecto para los lazos que han de pasar a través de los ojetes, y que mantienen en su sitio las formas de copa.

1. Mida la longitud de su ventana y añada 20 cm para los remates y 15 para dobladillos.

2. Pruebe qué anchura necesitará cada cortina midiendo la barra. Cada pliegue consume 25 cm de ancho de la cortina, y entre cada pliegue hay un espacio de 22 cm. Obviamente, usted puede alterar estas medidas adaptándolas a las dimensiones de las ventanas.

3. Corte la tela a lo largo y confeccione las cortinas, pespunteando los lados en sentido longitudinal para obtener el ancho deseado de cortina.

4. Marque con alfileres, hilvane y cosa los bordes y dé la vuelta a la línea de dobladillo. Planche todos los dobladillos.

5. Haga un pliegue de 2,5 cm a lo largo de la parte superior de cada cortina, y después otro de 13 cm, y plánchelos.

6. Corte una banda de entretela de refuerzo de la misma anchura de la cortina y póngala dentro del pliegue. Cósala en su sitio.

7. Siguiendo las instrucciones de la caja, pruebe las posiciones de la fila de ojetes, que deben estar situados justo debajo de la entretela. Comience por el lado del borde de la tela. Para hacer un pliegue necesita una fila de ojetes espaciados por igual, con tramos de 2,5 cm entre ellos. Deje espacios iguales entre el comienzo y el fin de cada pliegue.

8. Confeccione lazos de tela estrechos de un centímetro de ancho por 56 cm de largo, poniendo uno en cada pliegue. Páselo a través de los seis ojetes y tire con fuerza, anudando con un nudo de lazo sencillo.

9. Cosa un pequeño anillo de latón detrás de cada lazo y átelos a los anillos de la barra de la cortina.

IDEAS ALTERNATIVAS

Dos formas alternativas de hacer remates de cortinas con ojetes consisten en ensartar ribetes coloreados para hacer anillos o simplemente poner ganchos decorativos de quita y pon para fijar las cortinas con fijaciones traseras.

60

Evasiones nocturnas

Trampantojo sobre el aparador de la cocina

El aparador para porcelana que usted ha buscado siempre, pero que no ha podido permitirse, puede ser estarcido sobre la pared de la cocina, con sólo una pequeña parte del desembolso que requeriría el auténtico. Añada algunas piezas de porcelana para conseguir el trampantojo doble definitivo.

PLANTILLA HECHA EN CASA

Necesitará

El diseño de su elección
Un trozo de cristal
Acetato
Cinta de enmascarar o pegamento en spray
Trazadora eléctrica

Los arquitrabes, las molduras talladas e incluso las estanterías, son fáciles de representar con la ayuda de cinta de enmascarar y lápices para estarcidos. Puede comprar plantillas que imiten loza, o bien puede hacer una, tal y como se muestra aquí.

1. Es una buena idea fotografiar las jarras o dibujar los platos que quiere estarcir, y luego ampliar las imágenes con una fotocopiadora. El proceso de ampliación debe separar las formas y crear las transiciones de espacio necesarias para estarcir. Utilice los originales como fuente de inspiración y siéntase libre para simplificar el diseño. Puede encontrar útil añadir sus propias correcciones. Por ejemplo, trazar una corona de hojas dentro del borde externo de un plato estarcido añadirá definición o recrear otro motivo de su elección personal que le dará un toque original.

2. Una vez que haya quedado satisfecho con su diseño terminado, coloque cuidadosamente una pieza de cristal debajo y fije encima un trozo de acetato del mismo tamaño utilizando cinta o pegamento en *spray*.

3. Dibuje la silueta de sus diseños sobre el acetato, con una trazadora eléctrica. Para añadir forma y profundidad, haga un estarcido por capas. Por ejemplo, para añadir un borde externo al plato, sitúe una segunda hoja de acetato sobre el dibujo fotocopiado del plato y trace un fino borde externo para enmarcar el círculo interior, recordando incluir al menos seis pequeños «puentes» equidistantes, alrededor de la circunferencia. Esto mantendrá el estarcido compacto.

Evasiones nocturnas

TRAMPANTOJO EN APARADOR

Necesitará

Cinta métrica y regla
Lápiz
Plomada
Cinta de enmascarar
Tijeras
Barras para estarcir en marrón, negro y colores coordinados para la loza
Pinceles para estarcir
Pegamento en spray
Plantillas para jarras, platos, copas, sopera y soportes de anaquel
Barniz acrílico
Pinceles corrientes
Taladro, tacos de fijación, soportes para platos y ganchos para tazas

1. Señale en la pared el tamaño y la posición de la parte superior del aparador, así como los anaqueles, sus soportes y la estructura del conjunto. Dibuje líneas a lápiz para señalar sus posiciones en la pared, usando la regla y la cuerda de plomada.

2. Utilice cinta de enmascarar al objeto de definir la línea superior del aparador. Dibuje y recorte una forma para la moldura de las esquinas superiores, o trace una sencilla curva.

3. Cubra con cinta dejando un espacio de 2,5 cm entre las dos filas de cinta.

4. Los lápices para estarcir no deben ser utilizados como un lápiz pastel corriente. Para usarlos correctamente, frote primero el color en un trozo de papel y luego, mediante un movimiento circular, recoja el pigmento pasando las cerdas del pincel para estarcir sobre el papel. Utilizando una mezcla de lápiz para estarcir marrón y negro, llene cuidadosamente los espacios entre las cintas para reproducir las estanterías y el tope del

Evasiones nocturnas

aparador, con los bordes ligeramente curvados.

5. Decida acerca de la posición de la falsa porcelana y también dónde quiere colgar las jarras y los platos auténticos. Cubra ligeramente el reverso de las plantillas para estarcir con pegamento en *spray* y colóquelas contra la pared. Usando las plantillas como una paleta, frote la barra para estarcir contra las superficies sin perforar, manteniéndose lo suficientemente lejos de las zonas recortadas.

6. Tome un color con el pincel para estarcir de la forma que se comentó anteriormente, y mediante un movimiento circular uniforme aplique el color a la pared.

Aplique los tonos más oscuros en los bordes de forma que se cree un efecto tridimensional. No se preocupe en relación con el solapamiento de colores si esto sirve para incrementar el interés del conjunto y los efectos de textura. Vale la pena solapar el amarillo y el naranja en los tulipanes y aportar así más color a las hojas. Para obtener unos resultados verdaderamente profesionales, ensombrezca el borde externo de las siluetas después de haber retirado las plantillas. Esto hará resaltar de forma especial las formas.

7. Cuando haya terminado el estarcido, deje secar la pared durante 48 horas. Para proteger los estarcidos, aplique una capa de barniz. Pruebe primero sobre un trozo pequeño para comprobar que el color está completamente seco y aplique el barniz.

8. Taladre agujeros para los ganchos y los soportes para los platos en la posición de la porcelana auténtica.

65

Evasiones nocturnas

Contraventanas decoradas

En ventanas con mucho hueco o en aquéllas en las que no queden bien las cortinas o los estores, o bien vayan a quitar demasiada luz, las contraventanas son una alternativa excelente. Cuando están abiertas, dejan pasar toda la luz, y cerradas, pueden lograr que la habitación parezca acogedora y alegre. Hemos decorado estas contraventanas de aglomerado con una hoja de trébol recortada, lo que implica la utilización de una broca especial, aunque no exige habilidades especiales en temas de carpintería.

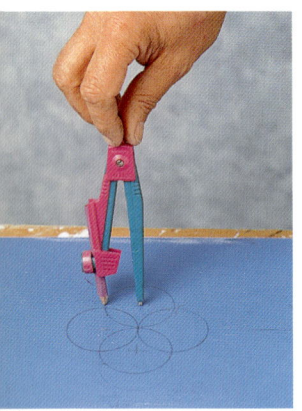    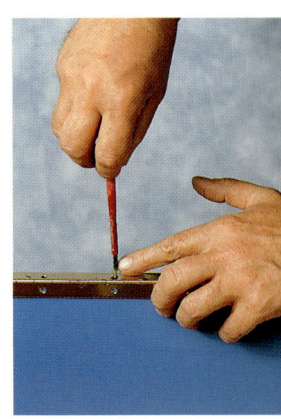

Necesitará

Cinta métrica
Aglomerado de 1 centímetro de grosor, del que se vende en placas de 2,6 x 1,2 m
Sierra eléctrica
Papel de lija fina
Lápiz y compás
Una sierra de calar con 5 cm de diámetro de broca-sierra circular y una broca normal de 2 mm.
Bisagras de piano de 91 cm de largo con tornillos de cabeza de avellana
Pegamento en pistola
Destornillador
Pintura vinílica
Pinceles corrientes
Cierres magnéticos

Si quiere permitir el paso de una mayor cantidad de luz cuando las contraventanas están cerradas, perfore en ellas motivos suplementarios. Un conjunto de estrellas de distintos tamaños funciona muy bien, pudiéndose combinar con lunas crecientes.

1. Para hacer las contraventanas, mida el hueco de la ventana y corte despues el tablero a las mismas medidas con la sierra (o bien encargue esta tarea en la tienda de bricolaje)

2. Lije con el papel las rugosidades dejadas por la sierra.

3. Para recortar la forma del trébol, dibuje cuatro círculos solapados de 5 cm de diámetro, utilizando el compás y el lápiz, situándolos en el centro de cada una de las contraventanas, a unos 20 cm del borde superior.

4. Con un broca corriente, taladre un agujero en el centro de cada círculo para usarlos como guía de la sierra.

5. Con la sierra y la broca-sierra de forma circular, recorte los círculos para formar la silueta de la hoja de trébol. Elimine con la lija las rugosidades.

6. Corte con la sierra las bisagras de piano a la misma longitud de las contraventanas.

7. Calcule de qué forma ha de colocar las bisagras para que permitan una apertura máxima de las contraventanas. Abra las bisagras sobre cada una de las contraventanas, situando uno de los lados sobre la cara del tablero.

Ponga el pegamento a lo largo del borde de la contraventana y quite cualquier exceso de adhesivo.

8. Para atornillar en su sitio las bisagras, taladre orificios-guía para cada tornillo, utilizando para ello una broca de 2 mm, lo que evitará que el tablero se cuartee cuando se coloquen los tornillos. Coloque un tornillo en cada agujero y compruebe que la cabeza de los tornillos queda por debajo de la superficie de las bisagras.

9. Pinte las contraventanas con dos capas de pintura y, cuando se sequen, atornille el lado libre de la bisagra de piano al derrame de la ventana. Si se van a utilizar, fije los cierres magnéticos.

Evasiones nocturnas

Pantalla para chimenea

El uso de imágenes recortadas es una manera sencilla de decorar un objeto. Consiste en pegarlas sobre una superficie plana. Para garantizar el éxito, las imágenes deben provenir de la misma fuente. Por ejemplo, de una pieza de papel pintado o de un libro de flores impresas. A esta pantalla de chimenea se la ha dado un efecto de pintura a la esponja, y después ha sido decorada con imágenes procedentes de un mismo papel de envolver de buena calidad.

Como el *spray* es un adhesivo tan ligero, le permitirá volver a colocar las piezas hasta lograr los resultados deseados. Si utiliza recortables de una variedad dispersa de fuentes, intente armonizarlos a través del color o escoja imágenes del mismo género, por ejemplo, un grupo de sobres de semillas, naipes antiguos o recortes victorianos.

1. Para obtener el efecto de pintura a la esponja, aplique dos capas de pintura vinílica de color crudo a la pantalla de chimenea, dejando que seque una capa antes de pasar a la siguiente.

2. Derrame los diferentes barnices en tres platos distintos y moje primero la esponja natural en el amarillo pálido. Dé unos toques de esponja en un trozo de papel de cocina y después, suavemente, sobre la pantalla de chimenea, cambiando el ángulo de la muñeca para variar las impresiones.

3. Aplicar de la misma manera el barniz ocre, y, finalmente, la terracota muy moderadamente. Los barnices deben darse inmediatamente, uno encima del otro. No es necesario dejarlos secar después de cada aplicación.

4. Recorte con mucho cuidado las imágenes que haya elegido y colóquelas en su sitio con *spray* adhesivo. Una vez que el diseño haya quedado a su gusto, aplique pegamento para papel al reverso de cada uno de los recortes.

5. Con el trapo suave o el papel de cocina, coloque con firmeza cada pieza en su lugar, con cuidado (asegúrese de haber quitado cualquier burbuja). Añada más pegamento a cualquier punto donde el papel se levante por los bordes.

6. Deje secar el conjunto toda la noche y después aplique de cinco a seis capas de barniz acrílico. El objetivo es utilizar suficiente barniz, de forma que el papel parezca incrustado en la superficie, más que pegado a ella.

Necesitará

Pintura vinílica de color crudo
Pinceles corrientes
Una pantalla de tablero de aglomerado, sin pintar
Tres barnices distintos, en amarillo pálido, ocre y terracota
Tres platos de cartulina o contenedores para pintura
Esponja natural
Papel de cocina
Tijeras afiladas
Un pliego de papel de envolver o las imágenes que prefiera
Pegamento en spray
Pegamento para papel
Un paño suave
Barniz acrílico

Una forma segura de preparar el diseño consiste en aplicar pegamento en *spray* al reverso de sus recortes y pegarlos después a la superficie.

Evasiones nocturnas

Alacena con falsa rejilla

Una forma ingeniosa de ocultar un cubo de basura en la cocina consiste en meterlo en una alacena transformada mediante una tapa abatible. Añada un trampantojo estarcido de efecto «alacena de porcelana» al frontal para completar la ficción visual decorativa.

Necesitará

Una alacena lo suficientemente grande como para que quepa dentro el cubo de la basura, con una tapadera con bisagras
Pinceles corrientes
Pintura vinílica de color amarillo natillas
Destornillador
Lápiz
Cinta de enmascarar de adhesión ligera
Barniz teñido gris
Pintura acrílica negra
Pegamento en spray
Plantilla de estarcir de tres capas, representando un plato
Plantilla de estarcir de dos capas, representando una jarra
Pintura acrílica azul oscuro
Pinceles para estarcir
Rodillo de pintura pequeño
Pintura vinílica blanca
Lápiz para estarcir azul
Papel
Pintura para estarcir azul
Rejilla de alambre
Pistola grapadora
Moldura de madera de un centímetro
Sierra y caja de ingletes
Tachuelas y martillo
Tirador de puerta azul y blanco

El éxito de este proyecto reside en gran medida en lograr un efecto tridimensional realista. Resulta vital ser consecuente con la hora de analizar el ángulo con el que incide la luz sobre cada objeto, y la sombra que proyecta. Esto exige una concentración mantenida durante el trabajo, pero ningún tipo de habilidad artística excepcional.

1. Pinte la alacena utilizando la emulsión amarilla (o el color de su elección), y deje secar.

2. Como resulta más fácil trabajar sobre una superficie plana, saque los tornillos para cambiar las puertas. Dentro de la parte interior del panel, pinte a lápiz las posiciones para cuatro líneas de cinta. La primera debe estar más o menos a un tercio del tope superior. La segunda, hacia abajo, a media altura. La tercera dejará un espacio igual al primero, y la cuarta debe cubrir el espacio donde la parte interior del panel se encuentra con el marco de la puerta.

3. Con el barniz teñido gris, pinte las dos zonas descubiertas donde se

representarán las supuestas estanterías. Cuando pinte estas bandas, desplace el pincel horizontalmente.

4. Cuando se seque, cambie de posición la cinta de enmascarar de forma que queden protegidas las estanterías y pueda pintar el fondo de la alacena; oscurezca el barniz gris con pintura acrílica negra, y aplique la pintura hacia abajo desplazando el pincel en ángulos rectos en relación con las falsas estanterías. Deje secar.

5. Aplique en su sitio el pegamento en *spray* sobre las plantillas del plato y la jarra. Con pintura acrílica azul oscuro, pinte en el interior de las formas con un pincel de cobertura rápida. Utilice un pincel fino de estarcir para los bordes externos.

6. Con la misma forma de trazado, pase el rodillo desigualmente con pintura blanca. Esta técnica logra que la superficie parezca auténtica porcelana. Deje secar.

7. A continuación frote cierta cantidad de lápiz al óleo para estarcir sobre un trozo de papel y, utilizando el mismo trazado para la plantilla del plato y la jarra, dé a las formas un efecto tridimensional ensombreciendo el borde externo. Estudie desde qué parte incide la fuente de luz y concentre el sombreado en un lado.

8. Utilizando la segunda capa de la plantilla de estarcir del plato, aplique el mismo lápiz azul para crear en el plato un borde sombreado.

9. Finalmente, puntee de pintura azul brillante sobre la tercera capa de la plantilla del plato, mientras que la segunda capa de la plantilla de la jarra aporta a la loza un estampado decorativo. Sombree el fondo de la jarra y el plato alrededor de la silueta (sólo en la parte sombreada) utilizando un pincel de estarcir empapado en el barniz teñido gris, mezclado con el negro utilizado previamente.

10. Sierre la rejilla de alambre para colocar en el panel y grape en su sitio.

11. Corte las molduras para completar los paneles, usando una pequeña sierra de mano. Utilizando la ingletera, corte la moldura con un ángulo de 45º. Fíjelo en su sitio con una tachuela y un martillo pequeño, ya que un martillo ordinario podría dañar la madera. Estas molduras de madera deberán solapar y ocultar los límites desiguales de la rejilla de alambre.

12. Atornille de nuevo la puerta de la alacena y fije el tirador de la puerta.

Evasiones nocturnas

73

Evasiones nocturnas

Silla de pino estarcida

Combine el estarcido con la pintura a mano y las técnicas de envejecido para transformar una silla de pino nueva en una deliciosa pieza artesana antigua.

Necesitará

Pintura de color crudo, amarillo ocre, azul grisáceo
Pinceles de 5 cm de ancho
Cinta de enmascarar o de baja fijación de 1 centímetro de ancho
Cinta flexible de 1 centímetro de ancho
Pincel de artista de tamaño medio
Tijeras, papel y lápiz
Plantillas de estarcir con hojas y frutos del bosque
Pegamento en spray
Pintura para estarcir en verde, rojo y gris oscuro
Pinceles para estarcir
Barniz acrílico
Crema de calzado o cera para antigüedades
Un paño suave
Cera incolora para muebles

1. Pinte la silla en color crudo y déjela secar adecuadamente.

2. Sitúe la cinta para crear las bandas color crudo alrededor del asiento, en los dos lados verticales del respaldo y para enmarcarlo. Pinte en azul y en amarillo ocre las zonas no cubiertas (ver la foto principal). Pinte las patas de la silla de azul y la barra que atraviesa la silla de amarillo. Obviamente, puede adaptar los colores para seguir su propia inclinación artística, pero es una buena idea mantener a la vista algunos espacios de blanco, ya que aportarán brillo e iluminarán el efecto de conjunto, embelleciendo la decoración pintada a mano.

3. Mediante la cinta flexible, tape una curva en la parte superior del respaldo de la silla. Pinte una línea azul fina y cuando se seque, vuelva a tapar para pintar la línea adjunta, usando el color amarillo ocre.

4. Antes de estarcir el respaldo, elabore un diseño que le guste y que ocupe bien el espacio destinado al estarcido. Si tiene dudas, recorte un trozo de papel del mismo tamaño que el respaldo y experimente con los colores.

5. Transfiera con plantillas su composición a la silla, asegurándolas con pegamento en *spray*, utilizando verde para las hojas y rojo carmesí para las bayas.

6. Una vez que seque, una las hojas a los tallos eliminando todos los indicadores de puentes de plantillas, con un pincel de artista. Determine de qué parte viene la luz y luego ilumine las hojas con una línea de color crudo pálido, mezclada con un mínimo toque de verde. Pinte cada línea con un movimiento, comenzando con suavidad en el extremo de la hoja y luego presionando más para obtener una línea más gruesa en el centro. Disminuya después la presión para hacer un fundido al final.

7. Elabore un segundo verde más oscuro y pinte con él el lado opuesto de la hoja. Si el contraste es fuerte, funda las dos líneas, ensombreciendo el centro de la hoja.

8. Moje el pincel en la pintura de color crudo y haga un punto diminuto en cada baya para contrastar. Sea consecuente una vez más con su decisión en relación con la dirección de la luz. Cada baya debe ser iluminada aproximadamente en el mismo punto. Tenga cuidado de no recargar su obra y acabe resultando un cuadro confuso, con su frescura y definición dañadas.

9. Cuando esté todo seco, aplique una capa protectora de barniz acrílico.

10. Para conseguir un efecto antiguo, frote betún con un trapo, o cera para técnicas de envejecido. Frote bien en la superficie y deje secar. Añada una capa final de cera para muebles y abrillante con un trapo.

Mesa taburete para café

Convertir una mesita de melamina en un taburete auxiliar tapizado con estilo es más fácil de lo que pueda pensar. Los ingredientes esenciales son la tela, el relleno y una pistola grapadora. Para un mejor resultado, utilice tela de buena calidad, con un elegante fleco a juego, y oculte la melamina con falsas patas de caoba.

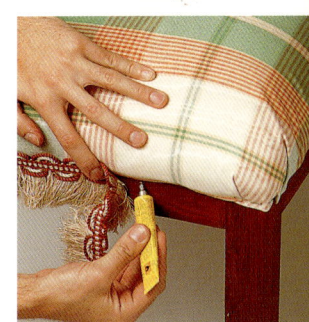

VETEADO DE CAOBA

Necesitará

Una vieja mesa de melamina
Lija de grado medio
Un paño suave
Pegamento PVA y pincel
Pintura vinílica color terracota
Pinceles corrientes
Colores acrílicos de pintura artística de color ocre oscuro, siena tostado y negro Marte
Barniz difuminador
Veteadora
Brocha alisadora
Barniz acrílico mate

1. Lije las patas de la mesa y limpie. Después aplique una capa de PVA y deje secar por completo.

2. Dé dos capas de pintura color terracota

3. Elabore un pigmento, utilizando una parte de ocre oscuro y una parte de siena tostado junto a una gota de negro Marte por cada tres partes de barniz difuminador.

4. Extienda con cuidado la mezcla sobre las patas de la mesa con un pincel casero, trabajando sólo en dirección longitudinal.

5. Aplique la veteadora a través de esta capa, con un vaivén suave, con el fin de crear unas vetas sueltas y alargadas. Puede necesitar un poco de práctica, pero recuerde que puede limpiarlo y comenzar de nuevo si lo necesita, ya que la capa permanecerá húmeda al menos durante cinco minutos.

6. Rebaje el efecto con la brocha alisadora, aplicándola ligeramente a la superficie en la misma dirección de las vetas.

7. Cuando seque, dé una capa de barniz acrílico para terminar.

ASIENTO TAPIZADO

Necesitará

Cinta métrica y tijeras
Relleno de terileno de 5 cm de grosor
Cinta resistente para hacer paquetes de 5 cm de ancho
Almohada de goma espuma
Pistola grapadora
Tapicería para cubrir el taburete
Pegamento para tela
Agremán de flecos

1. Mida la parte superior del taburete, añadiendo 15 cm por todo el perímetro. Corte el relleno de terileno al mismo tamaño. Para los bordes, dé forma a cuatro rollos de relleno. Corte dos a la misma anchura del taburete y con 38 cm de largo, y dos a la longitud del taburete menos 18 cm. Enrolle apretadamente cada pieza para hacer una forma de salchicha, y átelo con cinta.

2. Centre en mitad del taburete la almohada de espuma, poniendo los rollos de relleno alrededor. Fíjelos en su sitio con cinta. Coloque una pieza plana de relleno encima y grápela para colocarla en su lugar.

3. Corte la tapicería de modo que cubra el taburete, con un doblez de 2,5 cm para tapar los bordes. Fíjelo en su sitio mediante una hilera de grapas: comience poniendo una en el centro de cada lado, dejando las esquinas para el final. Doble los remates de modo que queden ordenados y bien acabados.

4. Pegue el agremán de flecos encima de la línea de grapas.

Maravillas en un día

Con todo un día por delante, ¿por qué no aprender todo un nuevo efecto de pintura, como el de marquetería, malaquita, mármol o bien el efecto granito?

- Mesa con incrustaciones de falso granito
- Puertas de rejilla falsa
- Mesa de imitación a marquetería
- Transformación de una silla de oficina
- Cubierta de mesa de mosaico
- Transformación de un sofá
- Falso mármol veteado
- Estanterías con cortinas
- Falsa malaquita con pátina de oro
- Imitación de mármol con malaquita

Maravillas en un día

Mesa con incrustaciones de falso granito

Esta llamativa transformación de un aglomerado de madera en una curtida y resistente incrustación de granito se consiguió mediante un sencillo diseño en estrella y con el uso de colores suaves y llenos de clase. Colocado sobre un soporte de baja altura, resulta una útil y elegante mesa de café.

Necesitará

Pintura vinílica de color crudo
Pinceles corrientes
Una cubierta de mesa cuadrada de aglomerado
Barnices coloreados en mostaza, gris verdoso, azul verdoso oscuro, verde bosque y gris oscuro
Un paño suave
Cinta de enmascarar de baja adherencia de 1 cm de ancho
Trapo de algodón
Pincel para puntear
Una pieza de papel de estraza cortada al tamaño de la mesa
Lápiz y regla
Tres plantillas hechas a partir de objetos circulares de diferentes diámetros, como un plato para cena, un cuenco grande y una cubierta de mesa circular pequeño
Cordel (opcional)
Regla metálica y cúter
Pegamento en spray
Un cepillo de dientes viejo
Un trozo de papel
Polvo de bronce o de oro
Barniz acrílico

Como en todos los proyectos, este diseño puede ser coloreado de muchas maneras. He escogido trabajar con verdes, pero los colores del otoño, con matices de púrpura y azul, podrían también obtener resultados sorprendentes. Un esquema monocromo podría combinar con bastante facilidad con su juego de porcelana.

1. Aplique a la cubierta de mesa dos capas de pintura vinílica de color crudo. Deje secar cada una de las capas antes de dar la siguiente.

2. Pinte encima de la última capa, cuando se seque, el barniz de color mostaza con un pincel corriente, trabajando en todas las direcciones y extendiendo bien el barniz. Pase de nuevo la punta del pincel por toda la superficie para alisarla y borrar en lo posible todas las huellas del pincel. Doble el trapo en forma de almohadilla lisa y dé unos toques con él por toda la superficie. Si resulta preciso, doble de nuevo esta almohadilla por una parte limpia cuando se acumule el barniz. La

81

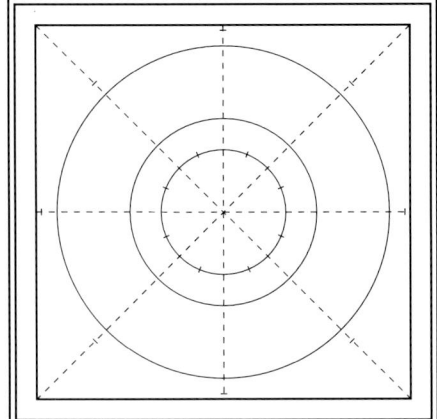 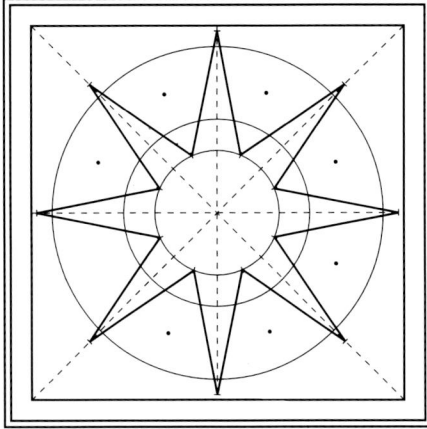 

DIAGRAMA 1   **DIAGRAMA 2**   **DIAGRAMA 3**

impresión de conjunto ha de ser suave y lisa. Déjelo secar por completo.

3. Con dos cintas de enmascarar de 1 cm de anchura, enmarque una banda de 5 cm a lo largo del borde externo. Cubra la superficie así enmarcada con barniz gris verdoso. Para asegurarse de que la cinta de enmascarar no va a levantar la primera capa, utilice una cinta de baja adherencia, y antes de aplicarla, quite la mayor parte del adhesivo de la cinta pasándole un trapo de algodón (el idóneo provendría de una camiseta o una sábana vieja). Aplique una capa de barniz verde con un pincel corriente en todas las direcciones para aplicarlo uniformemente. Luego, del mismo modo que antes, recorra la superficie con la punta de un pincel, al objeto de borrar las pinceladas en todo lo posible. Utilizando un pincel de puntear grande, aplique toques en toda la superficie mediante un movimiento sostenido y fuerte, en un ángulo de 90º. Repita la acción solapando la superficie anterior. El acabado ha de resultar homogéneo y finamente moteado. Deje secar y luego repita el proceso utilizando el barniz azul verdoso oscuro.

4. Doble en cuatro con cuidado la pieza de papel de estraza. Trace líneas a lo largo de las rayas de doblez que se han formado trazándolas con una regla y un lápiz.

5. Dibuje líneas diagonales de esquina a esquina a través de la mitad de las líneas pintadas.

6. Sitúe la más pequeña de las plantillas circulares en el centro del papel de estraza, meticulosamente centrada sobre el punto en el que se cruzan las líneas. Dibuje el círculo menor.

7. Entonces, sitúe la segunda plantilla sobre el anterior y trace un segundo círculo, más amplio.

8. Con una tercera plantilla, más grande, dibuje un tercer círculo. Estos círculos actúan a la manera de guías a la hora de comenzar a dibujar la estrella (ver diagrama 1). Si no puede encontrar exactamente el tamaño adecuado del círculo, hágase un compás con lápiz e hilo de bramante para dibujar el tamaño escogido.

9. Utilizando como guías los círculos, dibuje una estrella de ocho puntas con un lápiz y una regla (ver diagrama 2). Las puntas de la estrella deben alinearse con el círculo externo. Los ángulos internos conectarán con el círculo más pequeño.

10. Con una regla metálica y un cúter, recorte a lo largo de estas líneas para extraer la forma de la estrella.

11. Aplique el pegamento en spray a las líneas externas de la estrella (no a la estrella en sí) y sitúela en una posición centrada sobre la cubierta de mesa.

12. Aplique el barniz verde bosque con un pincel para estarcir seco, cuidando impedir que el barniz rezume bajo el papel de estraza. Cuando se seque, repita con el gris verdoso más oscuro. Mientras todavía está húmedo, dé unos toques en forma de salpicaduras de color crudo aplicadas con un cepillo de dientes viejo. Ensaye antes este movimiento sobre un trozo de papel. Deje secar el dibujo de la estrella.

13. Usando el papel de estraza como plantilla, recorte una forma para la otra estrella encartada (ver diagrama 3) y marque su posición sobre la cubierta de mesa con señales finas a lápiz.

14. Una estos puntos con cinta de enmascarar.

15. Puntee con una capa de barniz color mostaza. A la vez, salpique con polvo dorado o bronce.

16. Cuando se seque, aplique cinco capas de barniz acrílico de efecto antiamarilleante, para proteger y sellar la superficie.

Maravillas en un día

83

Maravillas en un día

Puertas de rejilla falsa

Unas puertas de alacena con rejilla de madera pueden resultar espléndidas, pero son caras y además requieren mucha limpieza. En su lugar, puede disfrutar de la magnífica calidad visual de un efecto de rejilla utilizando un poco de pintura y cinta de enmascarar con un coste mucho menor.

  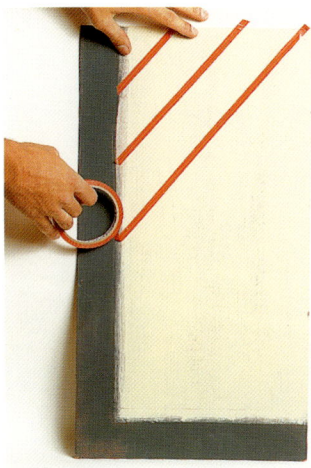 

Necesitará

Lija de grado medio
Masilla para madera (si la superficie de las puertas es irregular)
Pinceles corrientes
Pintura de color terracota intenso, azul oscuro, ocre brillante y blanco
Barniz acrílico
Cinta de enmascarar de 1 cm de ancho
Lápiz
Cinta de rotulista de 1 cm de diámetro
Una bandeja y un rodillo pequeño

Puede utilizar una alacena vieja con paneles y molduras como ésta, pero la idea también funcionará con una de puertas lisas. Para puertas lisas, necesitará falsas molduras y añadir una línea fina de sombra a lo largo de cada borde de la moldura y una línea blanca en el medio para resaltar. En función del tamaño, las puertas son a menudo más fáciles de decorar cuando se desatornillan de sus bisagras y se colocan sobre una superficie plana. Como en todos los efectos de pintura, es una prueba de inteligencia hacer siempre una prueba de color en una tabla antes de abordar el trabajo sobre la pieza auténtica.

1. Si está utilizando puertas ya gastadas, líjelas y enmasíllelas primero para tapar cualquier desperfecto.

2. Pinte toda la superficie con terracota intenso. Cuando seque, lije y barnice.

3. Cubra un ribete de recuadro de 2,5 cm en el exterior de la puerta. Pinte desigualmente el exterior de azul marino, de modo que algo de terracota se asome al exterior. Pinte el panel interior de amarillo pálido (hecho a base de mezclar blanco con ocre). Puede necesitar dos capas para lograr una buena cobertura.

4. Marque con un lápiz espacios de 5 cm a lo largo de todos los lados del frontal de la puerta y entonces, usando las marcas como guía, cubra el diseño entrecruzado de la rejilla con la cinta de rotulista, trabajando en diagonal con un ángulo de 45º y asegurándose de que las líneas quedan perfectamente rectas y de que hay el mismo espacio entre cada línea de cinta.

5. Con un pequeño rodillo, aplique emulsión amarillo ocre sobre el dibujo de la rejilla. Deje secar.

6. Para hacer las sombras, cubra con cinta unas líneas diagonales de 3 mm en el exterior de la cinta de rotulista. Las líneas han de recorrer en diagonal las puertas desde el ángulo superior derecho hacia el ángulo inferior izquierdo. Pinte las líneas de azul pálido (que se consigue mezclando el blanco con el azul oscuro). Deje secar.

7. Quite la cinta de enmascarar y cubra las líneas en la otra dirección, en el exterior de la cinta de rotulista. Fíjese en que las sombras tienen lugar en las dos lados izquierdos de cada forma romboidal, formando figuras en «V». Sólo son necesarias dos líneas sombreadas.

8. Quite todas las cintas, dejando un ribete de 1 cm en terracota todo alrededor. Selle con barniz para proteger.

Maravillas en un día

Mesa de imitación a marquetería

Éste es un tratamiento ideal para una cubierta de mesa si ya está cansado de una anodina madera de pino, o bien desea ocultar señales antiestéticas de quemaduras. Mediante el uso de diseños estarcidos con imitación de incrustaciones de marquetería, hábilmente dispuestas, puede estarcir sobre la cubierta de la mesa con lápices especiales color madera, que no dañarán la belleza de la veta natural.

Necesitará

Lijadora eléctrica o lija de grado medio o fino
Lápiz y regla
Pegamento en spray
Un juego de plantillas de marquetería
Lápiz para estarcir de color café
Lápiz para estarcir negro
Un trozo de papel
Pinceles para estarcir
Barniz resistente al calor y al agua
Pinceles corrientes

Como todos los proyectos en este libro, los esquemas cromáticos alternativos están abiertos a todo. Este diseño también puede resultar bien en dos tonos de verde y en tonos púrpura y azul.

1. Lije todas las irregularidades y marcas de quemaduras, aunque evitando dejar la cubierta de mesa demasiado irregular. Evite lijar demasiado vigorosamente. Algunos topes de mesa parecen sólidos pero resulta que sólo tienen una fina chapa de madera auténtica pegada a una gruesa tabla de aglomerado.

2. Utilizando una regla, encuentre el centro de la mesa y señálelo con una ligera marca de lápiz. Dibuje dos líneas finas a través de esta marca para dividir limpiamente la mesa en cuatro secciones.

3. Aplique pegamento en *spray* a la parte de atrás de la plantilla y póngala en uno de los cuartos en que ha quedado dividida la mesa, asegurándose de que la esquina en ángulo recto ensamble con precisión con la marca del centro.

4. Frote los lápices de estarcir sobre un trozo de papel utilizando dos pinceles diferentes, uno para cada color. Tome color con el pincel y aplíquelo libremente. Comience con marrón café y termine con negro.

5. Deje secar 24 horas y, cuando seque, proteja con tres capas de barniz.

Maravillas en un día

Transformación de una silla de oficina

Por una pequeña parte del precio de un sillón tapizado, esta vieja silla de oficina fue transformada en un sillón confortable y con estilo, cubriéndolo con una sencilla tela de colcha con botonaduras.

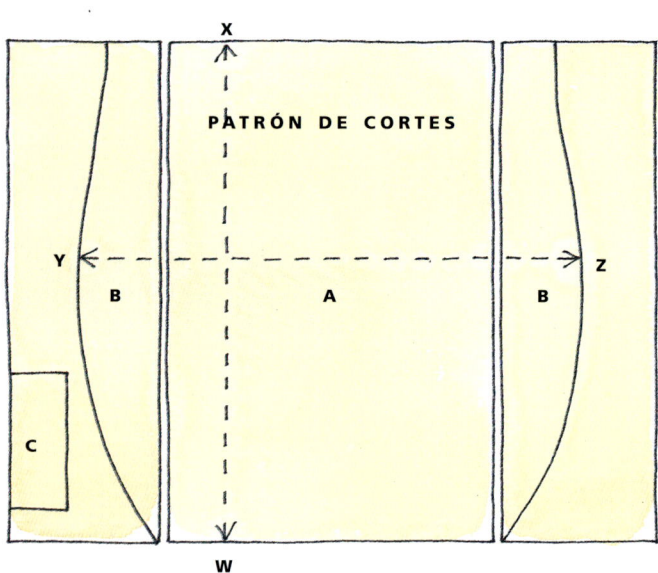

PATRÓN DE CORTES

DIAGRAMA 1

Necesitará

Una silla de oficina con brazos y un espacio entre el asiento y la espalda
Cinta métrica
Tijeras
Tela de tapicería de 137 cm de ancho, con rayas para un mejor acolchado
Igual extensión de relleno de terileno ligero y forro
Máquina de coser
Hilo de coser y alfileres
Jaboncillo de sastre
Seis botones forrados

A causa de lo caro que resulta un tapizado hecho por un profesional, las fundas informales para sofás y sillas cada vez tienen más predicamento. El único inconveniente, al contrario que en el caso de las fundas a medida, es que se arrugan y se descolocan. Para evitar estos problemas, este diseño se abotona al respaldo, lo que ayuda a mantenerlo en su lugar, y se dota de una entretela de relleno de terileno, acolchado a lo largo de las listas, lo que impide que se arrugue y le da peso.

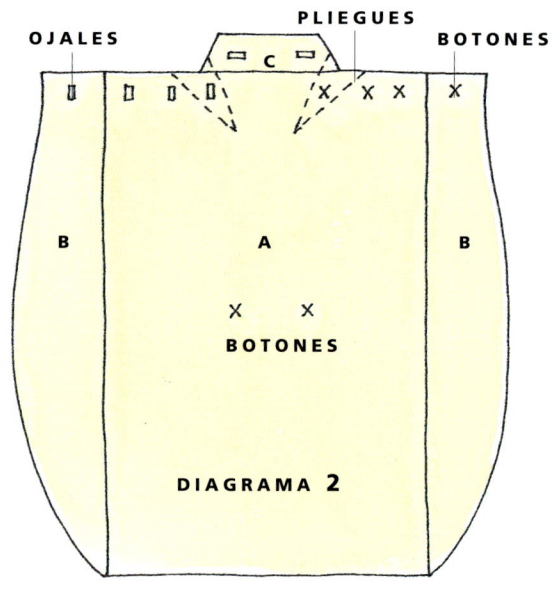

DIAGRAMA 2

Maravillas en un día

1. Siguiendo el diagrama 1 *(ver página 88)*, mida su silla desde la W a la X y de la Y a la Z, para estimar sus necesidades de tela. Añada 2,5 cm de holgura para la costura todo alrededor. Estas medidas representan el tamaño que tendrá su funda una vez que la termine. Recorte a estas medidas la tela, el forro y el relleno. (La funda que se muestra aquí necesitará aproximadamente 5 metros de tela.)

2. A continuación, doble cada pieza de tela, relleno y forro con una longitud igual a la mitad de la distancia entre la W y la X. Corte a lo largo del doblez de cada pieza.

3. Deje el forro a un lado. Sitúe el relleno junto al reverso de ambas piezas de tela. Únalas, sin apretar, con alfileres. Una de la piezas representa la A en el modelo de corte *(ver página 88)*. Doble la otra pieza a la mitad de la longitud y corte a lo largo del pliegue para hacer las piezas B. Con el jaboncillo de sastre, trace líneas curvas en la forma en que se muestra, pero no las corte aún, resérvelas para después.

4. Corte la pieza C, según el modelo de corte a la misma anchura que su silla y unos 28 cm de largo. (Los ángulos se cortan más tarde en el punto 8.)

5. Por el anverso de la tela, cosa a máquina la tela y el relleno de la pieza A a los dos lados de las piezas B. Abra las costuras y planche. Después, frente a los anversos de las piezas, cosa la pieza C a la mitad de la parte superior de la pieza A *(ver diagrama 2)*. De nuevo, abra la costura y planche.

6. Coloque la funda sobre la silla. Remeta por el frente y a lo largo del hueco del respaldo de la silla y fíjelo de forma tremporal al centro de la pieza C.

7. Siguiendo las líneas de puntos en el diagrama 2, forme dos pliegues holgados en la pieza A, tal y como se muestra, y marque con alfileres. Doble por detrás las holguras de la tela para formar una «V». Marque las posiciones de los botones y de los ojales con alfileres. Usando como guía una línea trazada con jaboncillo de sastre, trace los bajos, señalándolos con una línea de alfileres y llevando a cabo los ajustes necesarios. La funda apenas debe tocar el suelo.

8. Quite la funda y corte a lo largo de la línea de alfileres. Recorte el exceso de tela de la pieza C a fin de ajustar los lados.

Maravillas en un día

9. A continuación, utilizando la funda como una plantilla, prepare un forro siguiendo las anteriores instrucciones para cortar y coser. Una con alfileres al reverso del relleno e hilvane con cierta holgura para preparar el acolchado. (Los bordes deben ser rematados más adelante.)

10. Haga el acolchado de la silla cosiendo a máquina líneas paralelas separadas por espacios de entre 20 y 30 cm, sirviéndose de las rayas como guías.

11. Haga dos ojales en la pieza C, a unos 15 cm de los lados, con un espacio de unos 20 cm entre ellos. Haga los ojales en uno de los solapamientos del respaldo, siguiendo los puntos señalados con alfileres. Fíjese en que el tejido de los solapamientos posteriores se mantiene doblado en su sitio gracias a los ojales y botones y así no requiere costura para asegurarlo.

12. Sitúe la funda sobre la silla para un ajuste final y para comprobar la posición de los botones. Cosa los botones en uno de los solapamientos posteriores y sobre el dorso de la pieza A (ver las cruces en el diagrama 2) de forma que puedan ser abotonados a la pieza C.

13. Para el ribete inferior, mida el perímetro de la funda y corte franjas de 15 cm al bies de la tela. Únalas en una banda continua de la misma longitud que la medida del perímetro.

14. Por la cara de delante de la tela, coloque los bordes de la banda a cinco cm por encima del final de la funda y cósalas a máquina *(ver diagrama 3)*. Dóblelas como se muestra en el diagrama 4 y cósalas. Este abultado dobladillo permite a los pliegues derramarse y caer elegantemente. Planche la funda una vez terminada y abotónela a la silla.

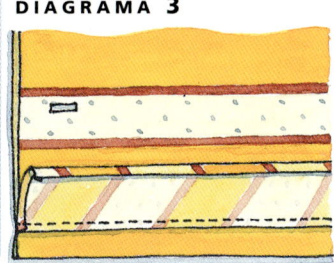

DIAGRAMA 3

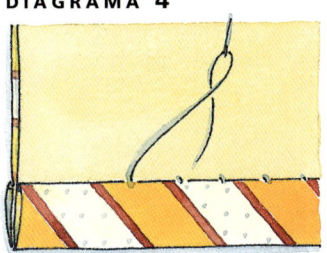

DIAGRAMA 4

Maravillas en un día

Cubierta de mesa con teselas

Duradera, y con mucho estilo, una cubierta de mesa de mosaico capta la esencia de las cenas mediterráneas al aire libre. La utilización de baldosines fabricados al efecto, es una forma fácil y barata de crear su propio mosaico.

Necesitará

Planchas de baldosines de vidrio de colores coordinados (yo usé dos planchas de blanco, dos de azul marino, dos de color turquesa y una de verde)
Una superficie de soporte estable gruesa (de unos de 2,5 cm) de aglomerado, cortado rectangularmente a 63 x 91 cm
Lápiz
Regla
Pegamento PVA y pincel
Lechada para baldosas
Aplicador de lechada
Esponja sintética plana

1. Ponga a remojo en agua los baldosines de cinco a diez minutos para separarlos del papel del dorso.

2. Señalar el centro de la cubierta de mesa trazando dos líneas diagonales, de esquina a esquina. El centro es el punto en el que se produce la intersección. Coloque encima de la cubierta de mesa los baldosines siguiendo el modelo que se muestra aquí. Asegúrese de que el baldosín central quede colocado sobre la cruz pintada a lápiz. Deje espacios estrechos entre cada pieza para el enlechado. Este paso nos ocupará más o menos un par de horas, pero no es en absoluto necesario llevarlo a cabo todo de una vez. Si usted quiere llevar a cabo su propio diseño, planifíquelo antes sobre papel.

93

Maravillas en un día

3. Una vez que comprobemos que todas las piezas encajan, levante una pequeña sección de baldosines en cada tanda y aplique con la brocha el adhesivo PVA sobre la cubierta de mesa. Vuelva a colocar los baldosines, comprobando que quedan en su sitio. Déjelas fijarse toda la noche.

4. Haga la mezcla de la lechada de acuerdo con las instrucciones del paquete. Debe tener la consistencia de una sopa espesa. Aplique generosamente. Extienda abundantemente sobre la superficie con el aplicador de lechada.

5. Deje secar la lechada durante 15 minutos, pero sin dejar que se consolide. Limpie con suavidad la superficie del mosaico con una esponja ligeramente humedecida para quitar el exceso de lechada. Mantenga la esponja plana para evitar levantar la lechada entre los baldosines. Asegúrese de que toda la superficie quede limpia antes de que la lechada se seque por completo.

6. Pegue una fila de baldosines sobre los bordes de la superficie de soporte y cuando se seque, proceda a enlechar tal y como se hizo antes.

Maravillas en un día

Transformación de un sofá

Éste es un proyecto sorprendentemente sencillo para transformar un diván de cama individual en un confortable sofá, con la ayuda de varios cojines grandes, una elegante colcha con borlas y unas mínimas habilidades de costura.

Necesitará

Un diván individual con el mismo tamaño de cabecero a ambos extremos. (Este cabecero tiene 84 cm de alto)
Taladro eléctrico
Dos listones de madera lisa, de 10 x 2,5 cm, tan larga como el diván más el grosor de los cabeceros
Punzón o broqueta
Destornillador
8 tornillos de 4 cm
Cinta métrica
Tijeras
Tela a cuadros en cantidad suficiente para la funda de los cojines y tres colchas
Máquina de coser
Hilo y alfileres
Una franja de borlas para un largo del cubrecamas y los lados externos de las dos colchas laterales entre X e Y (diagrama 2)
Cuatro almohadas viejas
Tres cojines
Seis botones grandes

Para conseguir fácilmente la transformación de un sofá en una cama, este diseño cuenta con tres grandes cojines que se dejan en el suelo por la noche y tres colchas, dos de ellas que permanecen siempre en su sitio y una tercera sobre la que nos sentamos y se convierte después en un cubrecamas. Resulta vital utilizar una tela resistente a las arrugas —un algodón grueso o una tela ligeramente acolchada resultará ideal.

1. Taladre dos agujeros para tornillos con una separación de 5 cm a través de la madera al final de cada listón. Sitúe horizontalmente los listones frente a los cabeceros para formar un soporte de apoyo para los cojines grandes. Deje un espacio entre los listones de unos 15 cm, situando el más alto a unos cm por debajo del límite superior de los cabeceros. Haga marcas a través de los agujeros taladrados, utilizando un punzón o una broqueta en los bordes laterales de los cabeceros. Atornille en su sitio los listones.

2. Mida la longitud de la cama y la altura del colchón desde el suelo, y corte tela y forro para hacer una funda de sofá. Debe abarcar todo el colchón y llegar hasta el suelo. Añada 30 cm a lo ancho, de forma que pueda ser remetida bajo el colchón a lo largo al fondo del asiento. Añada también 61 cm a lo largo para remeter a cada uno de los extremos del colchón.

3. Con los anversos de la tela enfrentados, sitúe la tela encima del forro y cosa a un cm de los bordes a lo largo de todo el contorno, dejando un espacio de 30 cm a lo largo del borde de abajo. Dé la vuelta al conjunto y planche. Cosa una franja de borla a lo largo del borde frontal inferior.

4. Para hacer las fundas de los brazos laterales, mida el ancho del cabecero (C en el diagrama 1), la distancia entre el borde superior del cabecero y el suelo (A en el diagrama 1), y la distancia desde el borde del cabecero y la cara superior del colchón (B en el diagrama 1), añadiendo 30 cm para poder remeter.

5. Corte un trozo cuadrado de tela y forro de la misma medida. Ponga la tela a cuadros, por el lado del anverso,

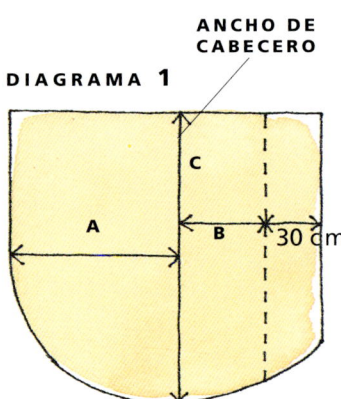

DIAGRAMA 1

encima del forro, fijándolos juntos con alfileres. Póngalo sobre el cabecero, asegurándose de que la línea C cae sobre el límite superior del cabecero. Fije con alfileres y corte un dobladillo en el borde inferior como en el diagrama 1.

6. A continuación, situados frente al anverso, cosa juntos la tela y el forro, siguiendo las instrucciones del paso 3. Cuando dé la vuelta a la funda y la planche, cosa una franja de borlas a lo largo del borde entre X e Y *(ver diagrama 2).*

7. Haga una segunda funda para brazo, invirtiendo la forma, del modo en que se muestra en el diagrama 2.

8. Ponga juntas longitudinalmente dos almohadas cosiendo las fundas lo más

DIAGRAMA 2

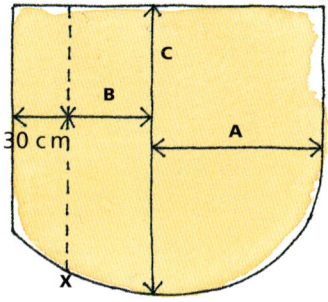

cerca posible del borde. Haga lo mismo con las otras dos almohadas. Sitúe cada par con las uniones de las costuras, una junto al límite superior del cabecero y otra al final de la cama. Una vez recubiertos con las colchas, estos cojines se mantendrán firmemente en su sitio y darán la necesaria sensación de volumen para crear la forma del brazo.

9. Mida los cojines grandes y corte una funda delantera para cada uno, añadiendo en todo el perímetro 2,5 cm de holgura para coser. Dé la vuelta y haga un dobladillo a lo largo de uno de los bordes.

10. Corte tres piezas para la trasera de las fundas, con 2,5 cm de holgura por todo el perímetro para coser, más un extra de 15 cm en uno de los lados. Haga dobladillos en los bordes de las pieza. Doble sobre el reverso de la pieza de tela para hacerla del mismo tamaño que la funda frontal *(ver diagrama 3).*

11. Sitúe las piezas frontal y trasera una encima de la otra, los anversos frente a frente y los dobladillos y el lado plegado juntos. Deje este último abierto, cosiendo alrededor de los otros tres lados. Dé la vuelta a la funda y planche.

DIAGRAMA 3

12. Señale las posiciones de los dos ojales, igualmente espaciados respecto a los lados y a cada uno de ellos, a lo largo de la apertura de la funda del cojín. Con la posición adecuada, cosa los ojales y también los botones a una distancia adecuada del borde, de modo que casen con la posición de los ojales e introduzca los cojines.

Falso mármol veteado

Hay algo intrínsecamente espléndido en el mármol que trae a la mente el esplendor de las majestuosas mansiones europeas. Hoy es posible reproducir los efectos con la ayuda de algunos productos de pintura asequibles y unas técnicas sencillas.

Necesitará

Lija
Una cubierta de mesa usado o un tablero de aglomerado
Pintura de emulsión de color crudo
Lápiz
Regla y compás
Cinta de enmascarar flexible
Cinta adhesiva de baja fijación
Un tablero para muestras
Bolas de algodón
Barniz al agua en terracota, coral, crema, gris y amarillo
Platos de papel
Pinceles comunes
Paño
Envoltura o bolsa de plástico
Brocha alisadora
Disolventes
Pincel para punteo
Pincel para estarcir
Pequeños pinceles para pintura artística
Barniz de decorador

Aunque la palabra marmolado intimida un poco, no resulta una técnica difícil de dominar, si sigue los sistemas de trabajo que le propondremos aquí. En vez de pinturas basadas en aceite, utilice otras basadas en el agua, sustituyendo los pinceles comunes por el tradicional de pluma utilizado para el jaspeado. Como resulta importante una correcta utilización de la paleta a la hora de conseguir unos resultados convincentes, he aquí una fórmula para pruebas de color. Si usted prefiere experimentar por su cuenta, ayuda mucho el estudio de muestras reales de mármol. Recuerde que así como algunos colores tomados individualmente pueden ser brillantes, una vez mezclados, pueden hacer emerger colores más sutiles. Cuando aplique el marmolado a las puertas, debe trabajar colocándolas horizontalmente, o de lo contrario la pintura se correrá.

1. Lije la superficie que haya escogido. A continuación aplique dos capas de pintura vinílica de color crudo.

2. Una vez que se haya asegurado de que la superficie está lisa, sin rugosidades, y seca, trace un dibujo sencillo sobre ella con un lápiz. En función de su dibujo, podrá necesitar una regla o un compás, o si lo prefiere puede valerse de un plato grande a modo de plantilla.

Maravillas en un día

3. Proceda a cubrir la primera zona que desee marmolar. Utilice cinta flexible para las curvas y cinta de baja adherencia para las líneas rectas. Tome una decisión acerca del esquema cromático del conjunto, experimentando antes sobre una sencilla tabla para pruebas. Emprenda su trabajo sobre una zona determinada y deje secar cada zona durante 24 horas aproximadamente, antes de aplicar la cinta a una zona contigua. Aunque el barniz se seque con rapidez (más o menos en una hora) tardará 24 horas en fijarse definitivamente.

4. Para crear una impresión falsa de enlechado entre las incrustaciones de mármol, fije una cinta de la anchura de un pelo junto a la zona ya marmolada, de forma que deje, después de marmolar una zona contigua, al retirarla una densa línea divisoria. O bien, puede utilizar una bola de algodón para presionar alrededor del barniz y crear una fina línea divisoria (ver el círculo de la bandeja en la página 101).

5. Para obtener el efecto de marmolado, derrame una pequeña cantidad de cada color en un plato de papel y, utilizando un pincel doméstico, aplicar cada vez un color en trazos sueltos. Trabaje el color en diagonal y varíe el grosor de las pinceladas.

6. Aplique un segundo, un tercer y un cuarto color de la misma manera, hasta que toda la zona esté cubierta.

7. Doble consecutivamente un paño hasta obtener una suave almohadilla y dé con ella unos toques sobre la superficie, retirando el exceso de pigmento y creando un efecto moteado.

8. Deje el plástico para envolver o la bolsa de plástico sobre la superficie

Maravillas en un día

húmeda y alise con la palma de sus manos. Retire cuidadosamente la bolsa de plástico para dejar al descubierto una textura veteada producida por los pliegues de la misma.

9. Pinte de barniz húmedo muy ligeramente con una brocha alisadora. Cuando utilice este tipo de pincel mantenga un ángulo de 90º respecto a la superficie y dé un giro suelto a sus movimientos de muñeca, parecidos a los que se dan cuando se está utilizando un pincel de polvo de maquillaje.

10. Derrame un poco de disolvente en otro plato. Cargue el pincel y aplique unos toques sobre la zona. De ese modo salpicará el barniz y creará un efecto parecido al que producen ciertos fósiles. A continuación, pase de nuevo sobre esa superficie el pincel para igualar.

11. Para conseguir un efecto de mármol auténtico no es imprescindible pintar vetas adicionales. Una alternativa muy sencilla consiste en presionar y girar un pequeño pincel para pintura artística a través de la zona con una trayectoria diagonal y ondulante, desplazando siempre hacia fuera el pincel respecto a su posición. Es una buena idea potenciar el perfil de las formas pasando el pincel alrededor.

12. Suavizar el veteado, utilizando pincel para igualar del mismo modo que antes, y dejando secar el barniz.

13. Para crear una banda más oscura —5 cm de ancho y a 15 cm del borde externo—, cubra con cinta flexible y pinte con verde y terracota. Deje emerger briznas de la base de pintura blanca y omita el veteado.

14. Cuando haya completado el proceso, aplique dos capas de barniz que le dará un aspecto brillante del mármol auténtico.

ALTERNATIVAS

Cubierta para una alacena

La elegante cubierta de mármol con incrustaciones fue creada expresamente para una alacena empotrada utilizando seis tipos de barniz teñido. La sección central está marmolada en colores amarillo, verde menta y un toque de gris. La sección exterior está marmolada en azul y esmeralda. La banda gris fue creada mediante la mezcla de gris pálido y oscuro.

Bandeja marmolada

Dé a una vieja bandeja de madera un nuevo aspecto marmolándola en varios tonos de verde. Decorándola con cuatro barnices teñidos diferentes, el borde está pintado de verde menta y amarillo, mientras que en el centro de la bandeja se ha utilizado una mezcla de gris y verde esmeralda.

Maravillas en un día

Estanterías con cortinas

Unas estanterías abiertas son el sistema de almacenamiento más barato que hay en el mercado. Una manera de mejorar su apariencia consiste en colocarlas dentro de una cobertura confeccionada en tela, que además presenta la ventaja añadida de mantenerla libre de polvo.

Necesitará

Cinta de enmascarar

Unas estanterías abiertas rematadas con un estante en la parte superior

Tijeras

Rieles de alambre para cortinas y ocho cáncamos y aldabillas

Tela con motivos romboidales, que mida aproximadamente 6 metros

Máquina de coser

Cinta de la que se aplica mediante plancha

Ojetes grandes (lo suficiente para el bandó, en función del ancho y del fondo de su estantería)

Lazo, cordón o tela de contraste para los alzapaños

Pistola grapadora

1. Mida la altura, profundidad y anchura de la estantería y corte los rieles a cuatro longitudes —para abarcar los dos laterales y el frontal y la trasera del mueble—. Coloque los cáncamos al final de cada tramo de riel y fije las aldabillas (en función del tipo de estanterías) al final o por la parte inferior de la estantería superior, a cada extremo del mueble, en el frontal y en la parte posterior. Coloque y fije en su sitio los rieles de alambre.

2. Para hacer el bandó, corte dos piezas de tela de 61 cm de ancho y con una longitud suficiente como para envolver el frontal y los dos laterales del mueble, añadiendo 2,5 cm de holgura para coser. Sujete juntas mediante alfileres las dos piezas largas de tela, con los anversos frente a frente, cosiendo a máquina alrededor del dibujo romboidal. Corte el límite inferior de la tela de modo que siga la trayectoria en zigzag de los rombos. Recorte todos los excesos de tela y corte con tijeras la holgura para coser de la parte superior. Dé la vuelta a la tela y planche. Doble los bordes superiores y cúbralos con cinta de la que se aplica mediante plancha.

3. Siguiendo las instrucciones de la caja de los ojetes, colóquelos al final del bandó, uno en cada rombo. Antes de colocar el segundo ojete, fije los lazos de las borlas de forma que queden afirmados dentro del perímetro de los ojetes.

4. Recorte la tela sobrante para hacer una cortina trasera, dos laterales y dos frontales de modo que puedan contener el conjunto de la estantería. Utilizando las líneas de costura y con los anversos enfrentados, ponga juntas las cortinas, dejando aproximadamente 15 cm en la parte superior de cada costura abiertos, y también, dejando abiertas las dos cortinas frontales. Haga un pequeño dobladillo a lo largo del borde superior de cada cortina para formar una guía lo suficientemente holgada como para que quepa el alambre de la cortina. Cósalo a máquina. Remate todos los bordes mediante cinta de la que se aplica con la plancha o cósalos también a máquina.

5. Para los lazos, sitúe los ojetes en cada una de las cortinas frontales, separados por unos 15 cm. Haga un fino lazo de una tela que combine bien para insertar en los ojetes, o bien use lazo o cordel. Pase el lazo y complete un alzapaños para sujetar la cortina con él.

6. Mediante la pistola grapadora, fije el bandó al borde superior de la estantería.

Maravillas en un día

Falsa malaquita con pátina de oro

De todos los efectos de pintura imitando piedras semipreciosas, la malaquita es uno de los más fáciles de dominar con resultados verdaderamente llenos de «glamour». Un efecto de malaquita combinado con pátina de oro produce una combinación infaliblemente suntuosa y un medio ideal para decorar una gran variedad de objetos pequeños con resultados llenos de clase y estilo.

EFECTO DE MALAQUITA

Necesitará

Pintura en emulsión de color verde menta
Un pincel de 1 cm de ancho
Barniz acrílico
Cinta para cubrir de baja adherencia
Pintura artística acrílica verde, ocre crudo y ultramar
Difuminado acrílico
Un plato viejo (para usar como paleta)
Pincel para pintura artística pequeño
Paño
Brocha alisadora
Tarjetas postales
Barniz de decorador

1. Aplique al objeto de su elección, como capa base, la emulsión vinílica verde (en este caso un marco para fotos) y déjelo secar. Después séllelo con barniz acrílico. Cuando se seque, enmascare las cuatro esquinas del marco, que han de ser doradas más adelante.

2. Haga la mezcla de un pigmento espeso (aproximadamente un 80 % de pintura) utilizando el verde para pintura artística y el difuminado acrílico en su paleta. Utilizando el pincel pequeño, pinte a trazos sueltos sobre las zonas que desee decorar.

3. A continuación, mezcle una cantidad muy pequeña de ocre crudo en el barniz verde, justo lo necesario para oscurecer el verde. Utilice para completar algunos de los trazos que queden.

4. Finalmente, mezcle una pequeña cantidad de ultramarino con el barniz verde en la paleta y pinte sobre los espacios que queden aún.

5. Doble el paño para obtener una almohadilla. Úsela para puntear sobre el barniz húmedo y quitar así las marcas de pincel, retirando el exceso de pintura.

6. Utilice la brocha alisadora con el objeto de suavizar el efecto y crear un acabado muy liso.

7. Para conseguir las características formas de la malaquita, recorte las postales en tres o cuatro bandas de distintas anchuras, aproximadamente de 5 x 5 cm. Doble cada tira y desmonte el doblez con el fin de hacer un borde rugoso pero recto. Utilícelo para trazar un semicírculo, aplicando una presión constante sobre el barniz húmedo.

8. Dibuje otra forma de malaquita solapando ligeramente la primera. Limpie toda la pintura adherida a la cartulina, y tome otra cuando la

Maravillas en un día

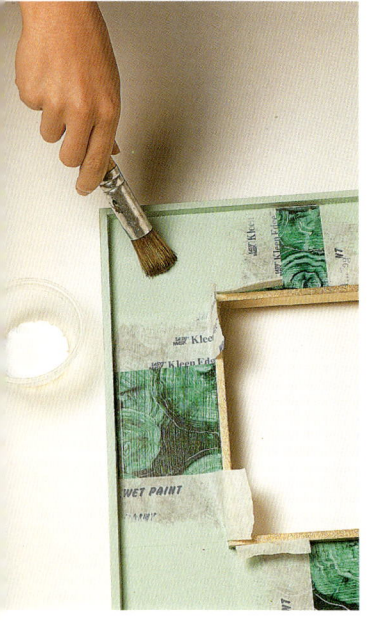

anterior esté empapada. Cambie el tamaño de los círculos utilizando diferentes anchos para obtener autenticidad.

9. Para recrear las diminutas formas cristalinas que se aprecian en la malaquita auténtica, coja pinceles para pintura artística de tamaño pequeño y aplíquelos dando pequeños círculos a presión con el fin de crear mínimas formaciones redondas de malaquita en alguno de los espacios oscuros.

10. Con el pincel para pintura artística, trace una línea garabateada alrededor de las zonas aún oscuras, siguiendo las formas trazadas por la postal. Finalmente, cuando se seque, suavice el efecto utilizando una brocha alisadora y selle el conjunto con barniz de decorador. Deje secar 24 horas antes de aplicar el pan de oro *(ver la página opuesta)*.

Maravillas en un día

DORADO

Necesitará

Cinta para cubrir de baja adherencia
Pinceles pequeños
Wondersize (un pegamento especial de Dutch Metal)
Dutch Metal (una lámina de oro que va fijada a una hoja de papel)
Pegamento PVA
Polvo dorado
Barniz acrílico

1. Cubra completamente las zonas donde ya se ha obtenido el efecto malaquita, sólo cuando ya estén completamente secas.

2. Dé una mano con el pegamento especial a las zonas que vayan a ser doradas.

3. Espere a que el pegamento esté pegajoso al tacto (aproximadamente 15 minutos). Después separe una lámina de *Dutch Metal* de su soporte, aplíquela sobre la capa de pegamento especial y frote suavemente por encima con un pequeño pincel, haciendo que el exceso de adhesivo salga fuera. Asegúrese de que está cubierto por completo. Si algún ángulo resulta difícil de cubrir con el *Dutch Metal* puede ser retocada con una mezcla de pegamento PVA y polvo dorado. Deje secar 24 horas.

4. Para terminar, aplique con cuidado una capa de barniz acrílico para proteger.

Maravillas en un día

Imitación de mármol con malaquita

Con el fin de obtener un resultado verdaderamente suntuoso, intente utilizar el efecto de malaquita como una incrustación dentro de una cubierta de mesa pintada con efecto de marmolado. La combinación de malaquita y marmolado resulta sorprendente y se consigue con facilidad.

Necesitará

Una cubierta de mesa octogonal de aglomerado

Pinceles domésticos de 2,5 cm de ancho

Pintura de emulsión blanco marfil

Cinta para cubrir de baja adherencia

Cinta métrica

Lápiz

Barnices teñidos en amarillo, verde menta y gris

Bolsa de plástico

Brocha para papel pintado o brocha alisadora

Los utensilios utilizados en el método para el efecto malaquita (ver páginas 104-107)

Aquí se combinan las técnicas de la malaquita con el objeto de transformar una pieza de aglomerado en una cubierta de mesa espectacular. Si pide a su proveedor de tableros que le corte una cubierta de mesa octogonal, los resultados son más impresionantes. Necesitará repasar las técnicas para el efecto malaquita en las páginas 104-107. En este caso se utilizan tres técnicas de pintura: marmolado para el centro, un borde de malaquita y otro más con efecto de «rastrillado».

1. Pinte la mesa con dos capas de emulsión de color blanco marfil y deje secar durante seis horas.

2. Utilizando una cinta de baja adherencia, cubra una banda de cinco cm, colocada a diez cm del límite externo de la mesa, siguiendo el octógono.

3. Utilizando el barniz verde menta, pinte un borde a todo lo largo del perímetro, rastrillando en una sola dirección, desde el borde externo hacia la cinta para cubrir. Deben poder observarse con claridad las señales de las pinceladas.

4. Aplique el barniz amarillo al azar sobre la superficie interior de la mesa. Añada gris también al azar.

5. Extienda una bolsa de plástico y alísela con las manos. Prosiga con este proceso sobre toda la superficie. Con este procedimiento dejará un dibujo veteado que podrá suavizar si lo desea con una brocha de empapelar o una brocha alisadora. Deje secar.

6. Coloque ahora la cinta de modo que tape los límites externos de la franja. Aplique el efecto de pintura de malaquita a los 5 cm de franja, siguiendo las instrucciones de las páginas 104–107.

7. Aplique dos o tres capas de barniz acrílico.

Prodigios de fin de semana

Como en cualquier otro aspecto de la vida, cuanto más tiempo dedique a una tarea, más sorprendentes serán los resultados. Estos proyectos se incluyen en la categoría de los que requieren más dinamismo y empuje que dinero y una vez terminados, son la prueba definitiva de la utilidad del bricolaje. Así que están avisados. Cuando haya experimentado la emoción que supone reformar una habitación en un fin de semana, a poco que se descuide, se convertirá en un adicto para toda la vida.

- Galería para estor
- Armarios empotrados
- Estarcidos en ropa de cama
- Funda para silla de director
- Cama sueca de tipo trineo
- Funda de sofá
- Cama cabina para niños
- Renovar el cuarto de baño

Galería para estor

Si su habitación tiene ventanas altas o, simplemente, si prefiere una ventana con arco a una rectangular, una galería para estor es la solución perfecta. Se modela perfectamente con un estor enrollable o romano.

Necesitará

Cinta métrica
Papel de estraza
Tijeras
Lápiz
Sierra de calar
Contrachapado de 1 cm de grosor
Tela a cuadros para cubrir el anverso y el reverso del bandó
Relleno de poliéster de 2,5 cm de grosor
Material para entretelas
Tela a rayas para hacer el ribete al bies (ver en el texto)
Pistola grapadora
Cuatro escuadras de estantería de 7 cm de largo

En las paredes de esta pequeña habitación se fijaron unos listones de 5 x 5 cm, colocándose después, grapada a los listones, la misma tela a cuadros de la galería. Aunque este trabajo lleva su tiempo, no resulta difícil. Las filas de grapas quedan ocultas detrás de un agremán fijado mediante adhesivo para tela.

1. Tome la cinta métrica y mida la anchura de su ventana desde el interior de los derrames.

2. Decida qué diseño de tela le quedará mejor a su ventana. Puede resultar muy útil recortar su forma utilizando para ello una sábana y fijándola en su sitio con alfileres para comprobar si, finalmente, quiere hacer algún cambio a su diseño.

3. Recorte el papel de estraza de forma que abarque el ancho de la ventana y quítele 5 mm para el espesor de la tela. Determine en qué punto terminará la galería y corte el papel a esa longitud. Doble el papel por la mitad, dibuje sobre una de ellas la mitad del diseño, córtela y despliéguela.

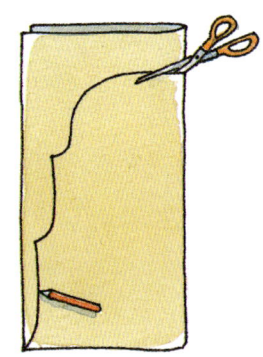

4. Corte el contrachapado con una sierra de calar con la misma anchura y longitud del papel y, utilizando un lápiz con punta fina, traslade el diseño de la galería al contrachapado. Corte el diseño utilizando una sierra de calar.

5. Utilizando la plantilla de papel de estraza, corte dos piezas de la tela de cuadros, añadiendo 5 cm a todo el perímetro. A continuación, corte el relleno de poliéster y también la entretela de la forma de la galería.

6. Forme un *sandwich* con el relleno, la entretela y la tela a cuadros, en ese mismo orden, y colóquelo sobre el contrachapado, grapándolo por detrás. Haga muescas a lo largo de las líneas curvas para poder fijar la tela.

7. Corte al bies una tira de la tela a rayas de 15 cm de grosor para el ribete. Con el anverso a la vista, grape a 4 cm hacia el interior, respecto del borde externo. Coloque las grapas de forma que puedan coincidir después.

8. Corte una franja de relleno de poliéster de 4 cm de ancho y colóquela a lo largo del borde exterior. Envuelva la banda de poliéster con la tela del ribete y grápelo por detrás.

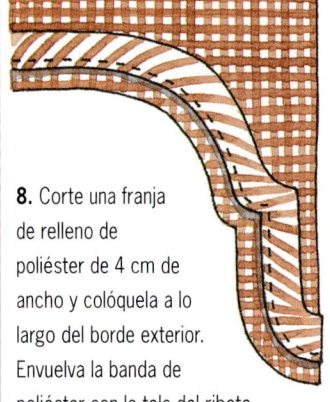

9. En las esquinas en ángulo recto, corte y forme ingletes con la tela al bies, haciendo un dobladillo en los bordes. Corte una pieza de 15 cm de largo de la tela a rayas y haga ingletes para colocarlos a través de las esquinas. Grápelo en su sitio.

10. Coloque el tablero de contrachapado con el reverso hacia arriba, y tapice la parte posterior del friso con el segundo trozo de tela. Doble y grape los bordes a la parte posterior del tablero.

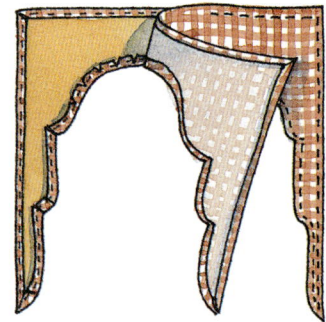

11. Atornille cuatro escuadras a la parte posterior del tablero de la galería, dos en la parte superior y otras dos a cada lado, atornillando después el *bandó* al derrame de la ventana.

Prodigios de fin de semana

Armarios empotrados

En un dormitorio, los armarios empotrados se sitúan a menudo en huecos colocados a cada lado de la cama. Esto puede ocupar demasiado espacio en una habitación pequeña. Una alternativa consiste en levantar un tabique delgado alrededor de la ventana y empotrar un armario a cada lado.

Necesitará

Papel cuadriculado y lápiz
Nivel de burbuja de aire y escuadra
Sierra de mano
Listón de 5 x 5 cm para construir el armazón
Tacos, tornillos y sujeciones para mamparas de muro-cartón
Tablero de aglomerado para construir las puertas y revestimientos (ver el texto)
Martillo y clavos
Bisagras (dos por puerta de tamaño medio)
Punzón
Pestillos de contacto para las puertas de los armarios

Estos armarios, de 30 cm de fondo, construidos enmarcando la ventana, dejan asimismo espacio para un alféizar profundo y para que quepan plegadas las contraventanas de doble hoja. Para la construcción de las contraventanas, consúltese las páginas 66-67.

El armazón de listones queda fijado a las paredes, el suelo y el techo, de modo que conviene comprobar que se encuentran en buen estado antes de colocarlos. Compruebe también la posición de cualquier cable o tubería que deba ser evitado. Cuando los listones se deban fijar directamente sobre una tarima, tome la precaución de comprobar que los tornillos son lo suficientemente largos como para perforar la tarima pero no tanto como para dañar las tuberías y los cables que se encuentren debajo. Antes de fijar el entramado de listones al techo, localice las viguetas y señale su posición para establecer donde deben clavarse los listones del armazón.

1. Prepare con meticulosidad un plano sobre el papel cuadriculado. Señale la posición del armazón sobre las paredes, el suelo y el techo. Utilice un nivel de burbuja para asegurar la horizontalidad de las líneas.

2. Con una sierra de mano, corte a la distancia establecida en el plano los listones para el suelo, el techo y las paredes. Cuando clave los listones al techo, asegúrese de que los fija sobre las viguetas para un soporte adecuado. Cerciórese de que todos los listones quedan firmemente instalados en el lugar que les corresponde.

3. Marque la posición de las puertas del armario y clave en posición vertical el listón del armazón, para que actúe como soporte de las mismas. Utilice un nivel de burbuja y una escuadra para asegurarse de que las aberturas de las puertas van a escuadra y que los ángulos son auténticos ángulos rectos.

4. Revista el armazón, excepto los huecos de las puertas, con tablero de aglomerado cortado a los tamaños oportunos. Clávelos en su sitio con un martillo. Haga las puertas a su tamaño.

5. Asegúrese de que quedan bien rectas y cuadrangulares, señale las bisagras a 20 cm de la parte superior e inferior de cada puerta.

6. Inice la ejecución de los agujeros para las bisagras con un punzón. Atornille las bisagras al borde de la puerta.

7. Sitúe contra el marco las bisagras, señalando la posición de los tornillos como antes. Atornille en su sitio.

8. Ponga los pestillos a las puertas. Procure que la decoración del armario sea poco llamativa.

Prodigios de fin de semana

Estarcidos en ropa de cama

Alcance a crear un estilo rústico lleno de frescura con una colcha de «chintz» blanco, combinada con unas decorativas fundas de almohada estarcidas a base de preciosas hileras de hojas y anillos de rosas.

Necesitará

Tela blanca de chintz (si hacemos nuestra propia funda de almohada), del tamaño de sus almohadas más 2,5 de holgura para las costuras, y un extra para volantes (consultar el texto)
Cinta de enmascarar
Plantillas de guirnaldas de flores y de hojas
Pegamento en spray
Papel de periódico
Sprays de pintura para estarcir en rosa, amarillo, verde y gris verdoso
Cartulina
Alfileres e hilo
Máquina de coser

Las pinturas para telas y los aplicadores que existen hoy en día en los mercados hacen que sea sencillo el estarcido de la ropa de cama, consiguiendo además unos resultados delicados y originales. Las pinturas en *spray* que han sido usadas en este caso, producen unos efectos llenos de maravillosos tonos sutiles. Muchas de estas pinturas son resistentes a los efectos de la luz y al lavado en seco, e incluso a los lavados a máquina con agua a baja temperatura, aunque conviene probar antes con una muestra. He aquí las instrucciones para confeccionar una funda de almohada.

1. Fije con suavidad la pieza de tela destinada a la parte frontal de la funda de almohada sobre una superficie plana utilizando para ello cinta de enmascarar. Alise cualquier arruga que vea pero no la estire demasiado.

2. Coloque la plantilla de guirnaldas en el centro de la tela asegurándola con pegamento en *spray*.

3. Proteja todas las zonas de tela externas a la propia plantilla con hojas de papel de periódico.

4. Lea con atención las instrucciones del fabricante de la pintura en *spray*. Tras cada rociada, es necesario quitar la boquilla y, una vez que hayamos terminado, el botón de apertura necesita limpieza. Rocíe primero el color rosa, dirigiendo principalmente el producto al centro de las rosas.

5. Rocíe la pintura amarilla sobre los bordes externos de los pétalos. Mientras hace esto, mantenga un trozo de cartulina en una posición que impida que el producto impacte en la parte central de la rosa, a excepción de una brizna de producto, que debe hacerlo en la tela. A pesar de la protección de la cartulina, los colores deben quedar ligeramente superpuestos, dando como resultado una textura ligera y muy atractiva, muy distinta a la que se obtiene con otras pinturas. Ése es el efecto que debemos intentar conseguir.

6. Rociemos un tercer color, el verde, directamente a las hojas, y después un cuarto, el gris verdoso, utilizando de nuevo la cartulina. Ahora debemos conseguir una combinación sutil de color y textura. Si aplica demasiado *spray*, los puntos finos, que aportan a esta técnica su especial textura, pueden desaparecer.

7. Para hacer la funda de almohada, confeccione un volante festoneado para completar el borde del frontal de la funda de almohada estarcida. Añada 15 cm para cada uno de los ángulos para hacer unos volantes plegados en las esquinas. Una los extremos de los volantes para completar un círculo.

8. Con los anversos enfrentados, clave con alfileres los volantes a los bordes de la funda. Pliegue las esquinas. Fíjelos y cósalos.

9. Corte otra pieza de tela tan ancha como la almohada y de 30 cm de largo para los faldones. Colóquela a un extremo del frontal de la almohada y cosa sobre tres lados.

10. Remate los volantes y la funda. Dé la vuelta y planche.

11. Con los anversos enfrentados, ponga delante el respaldo de la almohada y cosa tres lados dejando abierto el cuarto. Dé la vuelta y plánchela.

12. Haga los estarcidos de la colcha del mismo modo, utilizando tanto la plantilla de guirnaldas como la de hojas.

Prodigios de fin de semana

Funda para silla de director

Transforme unas viejas sillas del tipo de director de cine en unas sillas de comedor prácticas y elegantes mediante una nueva funda sencillamente confeccionada. Añada un colgante de gasa que caiga desde una corona y habrá sentado las bases de un exótico comedor.

Necesitará

Jaboncillo de sastre, tijeras y alfileres
2,5 metros de tela lisa por cada silla
Hilo a juego

Máquina de coser con accesorio para colocar ribete de cordón
Cordón (ver en la página 21 las instrucciones para confeccionar uno)

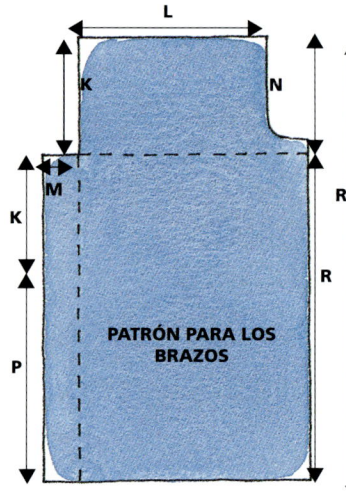

PATRÓN PARA LOS BRAZOS

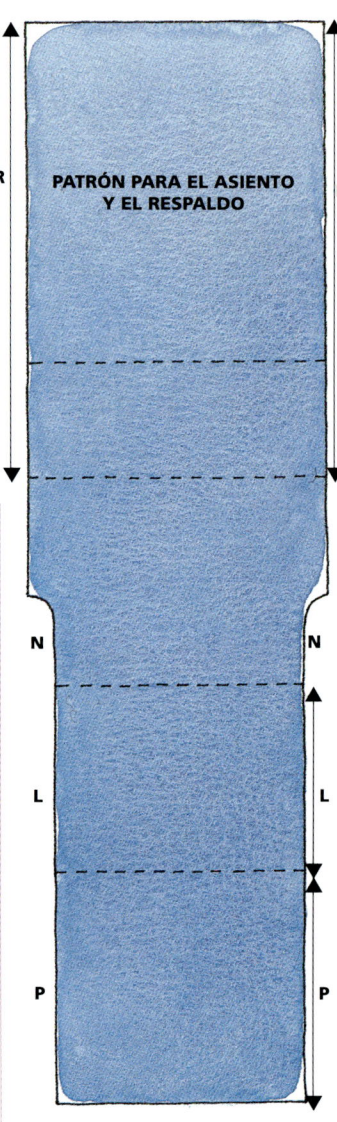

PATRÓN PARA EL ASIENTO Y EL RESPALDO

Mida su silla y siga las instrucciones de los patrones que se muestran en esta página. Corte el cuerpo de tela principal para la silla en una sola pieza. Corte una pieza de tela para un brazo y otra para el brazo contrario. Añada una holgura para coser de 1 cm y 5 cm para el dobladillo. Las medidas y las cantidades que se dan son suficientes para una funda de silla de director.

1. Marque y recorte las piezas longitudinalmente al hilo del tejido. Tome la pieza de tela para la confección de un brazo y, mirando al anverso de la misma, junte la solapa K a los puntos señalados como M y K para formar el frontal de la funda del brazo. Doble a lo largo de la línea de puntos y haga muescas en las esquinas para reducir abultamientos. Repita esta secuencia cuando confeccione el segundo brazo.

2. A continuación, cosa el cuerpo principal de la funda de la silla a las piezas de los brazos. Situados frente al anverso de la tela, cosa la línea P de la pieza principal de la funda a la línea P de la pieza de tela para el brazo, y a

Prodigios de fin de semana

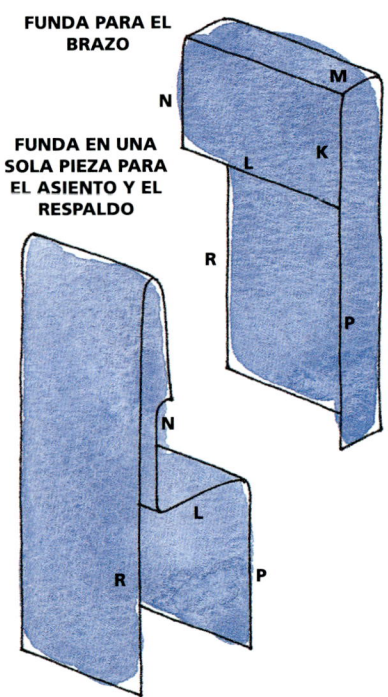

FUNDA PARA EL BRAZO

FUNDA EN UNA SOLA PIEZA PARA EL ASIENTO Y EL RESPALDO

continuación L con L y N con N. Repita el proceso para el otro brazo.

3. Confeccione el cordón para ribetear en un color que contraste, siguiendo las instrucciones de la página opuesta.

4. Coloque el cordón desde la parte superior del respaldo de la silla hacia el suelo por ambos lados. Intercale el cordón entre las costuras, con los bordes igualados y los anversos enfrente el uno del otro. Coloque alfileres, hilvane y cosa.

5. En la costura final, el lado R del respaldo se une con el lado R del brazo, desde la parte superior de éste hacia abajo. Con los anversos frente a frente, coloque alfileres, hilvane y cosa.

6. Dé la vuelta a la funda y planche. Haga un dobladillo en los bordes inferiores.

CORONA DE GASA

Necesitará

Tijeras
De 8 a 12 metros de gasa en dos colores
Hilo de hilvanar y alfileres
Hilo a juego
Máquina de coser
Aro de hula-hoop
Cinta para cubrir o de empaquetar
8 metros de lazo a juego
Gancho
6 metros de hiedra o lúpulo

La corona de gasa atoldada pende de un aro colgado del techo. Para crear el efecto de «tienda de campaña», las cortinas de gasa pueden sujetarse a fijaciones colocadas en las paredes vecinas o, bien, reposar sobre la parte posterior de unos biombos adyacentes.

1. La longitud de las cortinas dependerá de la altura de su techo. Corte la tela en función de ello en cuatro longitudes iguales.

2. Haga un dobladillo de 1 cm sobre cada pieza, y en la parte superior, una vuelta de 1 cm. Haga una segunda vuelta de 10 cm a lo largo del borde superior y cosa.

3. Cosa líneas paralelas de costura separadas por 5 cm para hacer la funda para el aro, dejando un volante en la parte superior de cada pieza.

4. Corte el aro y deslícelo en las fundas de tela preparadas al efecto, alternando las gasas de cada color. Vuelva a pegar el aro con cinta y esconda la juntura dentro de una de las fundas.

5. Fije el aro al techo con tramos de lazo liso atado en puntos equidistantes. Sostenga la corona horizontalmente y ate los lazos a una distancia aproximada de un metro del aro. Fije a un gancho atornillado a una bovedilla del techo o fíjelo a una instalación de luz de las que se ponen en el techo con una cadena. Nunca lo fije directamente a un cable eléctrico.

6. Envuelva la hiedra o el lúpulo alrededor del interior y el exterior del aro, enlazándolo con cintas para asegurarlo.

Prodigios de fin de semana

RIBETE DE CORDÓN PARA UNA FUNDA DE SILLA

Necesitará

Tela de un color que contraste con la funda de la silla
Tijeras
Máquina de coser con accesorio para colocar cordón
Cordón delgado para ribetear

Aunque no sea esencial, estas sillas parecen incluso más elegantes con el añadido de un cordón en un color contrastado.

1. Para hacer el ribete, corte siempre la tela al bies, de forma que se pueda estirar. Extienda la tela con los orillos izquierdo y derecho a la vista. Doble la tela en un ángulo de 45º para crear un triángulo. Ya dispone de una diagonal a partir de la cual cortar las tiras de tela.

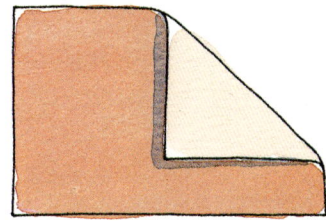

2. Corte a lo largo del pliegue y, consecutivamente, tiras paralelas de aproximadamente 6 cm de ancho.

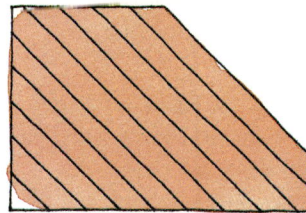

3. Para unir las tiras de tela, sitúe juntos los lados anversos y cósalos 5 mm por debajo de los bordes. Fíjese en el ángulo de 45º que produce la costura.

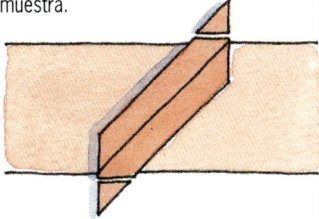

4. Tire hacia fuera de las costuras y recorte las esquinas tal y como se muestra.

5. Envuelva el ribete sobre el cordón, con los lados del reverso mirando hacia adentro. Hilvane para mantenerlo en su sitio. Utilizando el accesorio para coser cordón, cosa a máquina el ribete todo lo apretado que pueda. Una vez terminado, puede ser intercalado entre dos piezas de la funda de la silla y cosido en su sitio.

Necesitará

Papel de estraza y lápiz
Un diván individual
Para los laterales, dos piezas de 20 mm de tablero de aglomerado, cortado a 61 cm de alto y a la misma longitud que el marco del diván más 10 cm
Tijeras
Pegamento en spray
Para los extremos, dos piezas de tablero de media densidad de 20 mm de grosor, 95 cm de alto, cortado a la misma anchura que el marco del diván, más 12 cm
Sierra de vaivén y papel de lija
Taladro eléctrico
Cuatro listones de 5 x 5, cortados a la misma anchura del diván, menos 15 cm (B en el diagrama 1)
Cuatro piezas de listón de 5 x 5 cm, cortados a la misma longitud del diván, menos 15 cm (A en el diagrama 1)
Tornillos y destornillador
Ocho listones de 5 x 5, cortados a una longitud de 15 cm
Cuatro pies de armario redondos
Cuatro pomos
Tornillos de 7,5 cm
Adhesivo para maderas
Pinceles comunes
Pintura en emulsión de color verde bosque y verde esmeralda
Plantillas para estarcir
Pinceles y brochas para estarcir
Barniz acrílico

1. Haga una plantilla de papel de la misma altura y la mitad de la longitud de un lateral de tablero de aglomerado, dibujando sobre el mismo la mitad de la forma del lateral, para ser cortado a sierra. Recorte el modelo en papel con unas tijeras.

2. Utilizando adhesivo en *spray*, fije la plantilla sobre un tablero de aglomerado, para alinearlo con la mitad de la cama. Trace con un lápiz la silueta de la plantilla. Dé la vuelta a la plantilla y repita el proceso por el otro lado.

3. Mediante el mismo sistema, reproduzca la forma del otro lateral, y lo mismo para el cabecero y los pies.

4. Con una sierra de vaivén, recorte las piezas a lo largo de las líneas pintadas a lápiz, lijando los bordes.

5. Taladre agujeros en las piezas B (ver diagrama 1). Sitúe la posición del marco de listones dentro del diván y atornille dos listones en B.

Cama sueca de tipo trineo

Aquí encontrará una manera sencilla de transformar un diván individual en una imaginativa cama trineo.

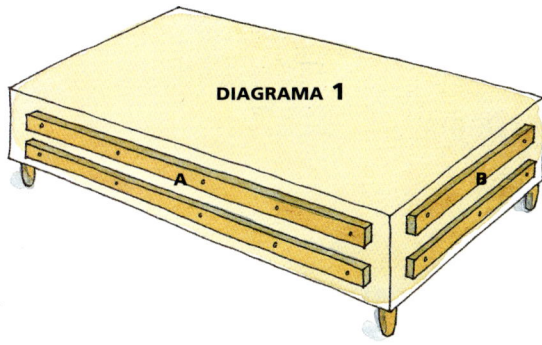

DIAGRAMA 1

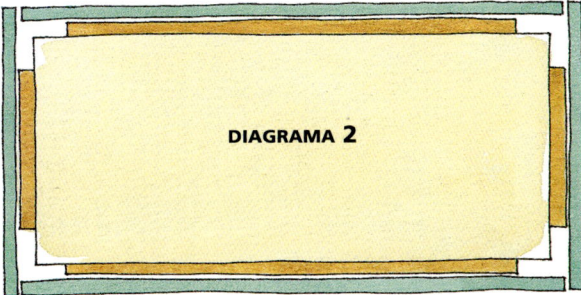

DIAGRAMA 2

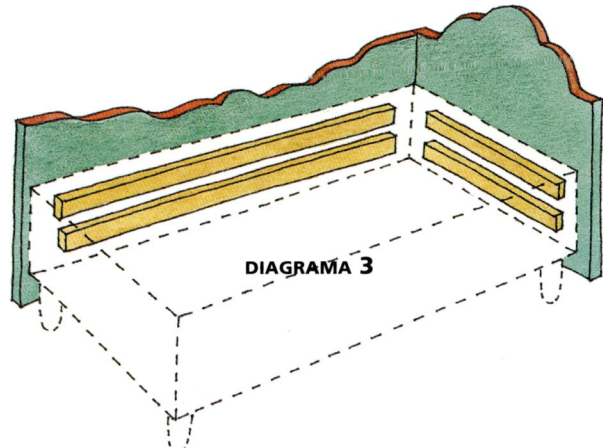

DIAGRAMA 3

DIAGRAMA 4

DIAGRAMA 5

Atornille en su lugar los dos lados longitudinales, el cabecero y el paramento de los pies para formar una caja (ver diagramas 2 y 3).

7. Los ocho listones actúan como bases para los pies redondos *(ver diagrama 4)* y los pomos *(ver diagrama 5)*. Atornille estos elementos a las esquinas superiores e inferiores del marco. Pegue los pomos a las esquinas superiores y atornille los pies redondos a las inferiores.

8. Pinte el marco de tablero de color verde oscuro. Cuando se haya secado, pinte encima con una mezcla al 50% de verde esmeralda y agua, lo que permitirá transparentarse algo el color base. Deje secar.

9. Aplique un estarcido de su elección. A título de guía, puede seguir la secuencia de fotografías paso a paso que se muestra arriba.

10. Cubrir con una capa de barniz acrílico para proteger.

horizontalmente a lo largo del cabecero y a los pies del diván. Repita el proceso para los listones A.

6. Señale y atornille agujeros en el cabecero y en el lado opuesto del diván, para colocar los listones.

Prodigios de fin de semana

Funda de sofá

Confeccionar una funda suelta para un sofá lleva tiempo, pero no resulta tan difícil como pudiera parecer. No sólo supone un ahorro de dinero, sino que le permite crear su propio estilo en la selección de telas. Esta funda blanca de sofá ha sido diseñada especialmente para una casa en la playa y está oportunamente adornada con un ribete tapizado al bies en azul náutico, turquesa y blanco, para hacer contraste con el taburete y la funda de los cojines.

Necesitará

Cinta métrica
Jaboncillo de sastre
Para un sofá de dos plazas, aproximadamente entre 12 y 14 metros de tela de tapicería. La tela debe ser de 137 cm de ancho, de un tejido recio y pre-encogido.
Tijeras
Alfileres
Agujas
Cordón para ribetear
Ribete al bies
Máquina de coser con accesorio para coser cordón
Hilo de coser en colores coordinados
Cremallera fuerte para la funda del sofá y las fundas de cojines del asiento

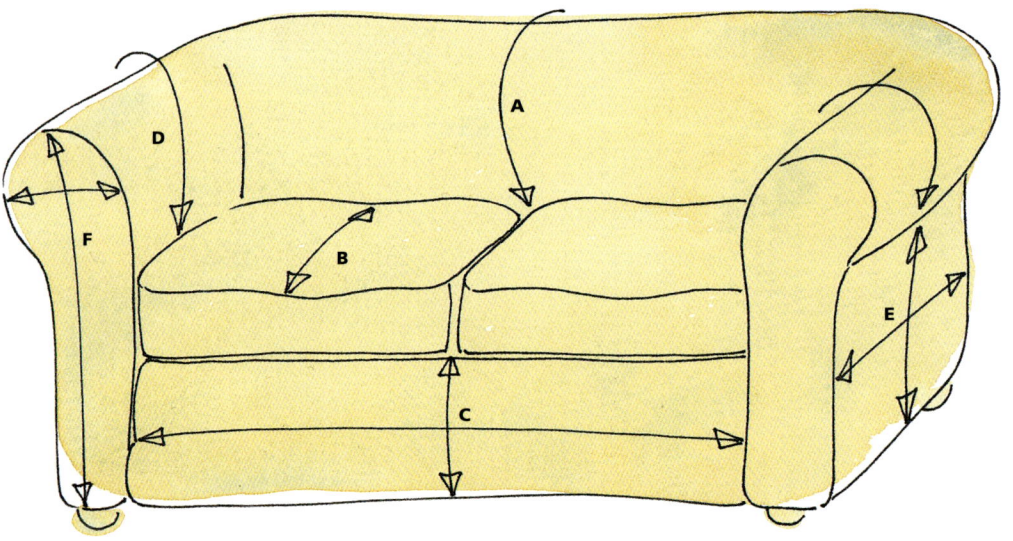

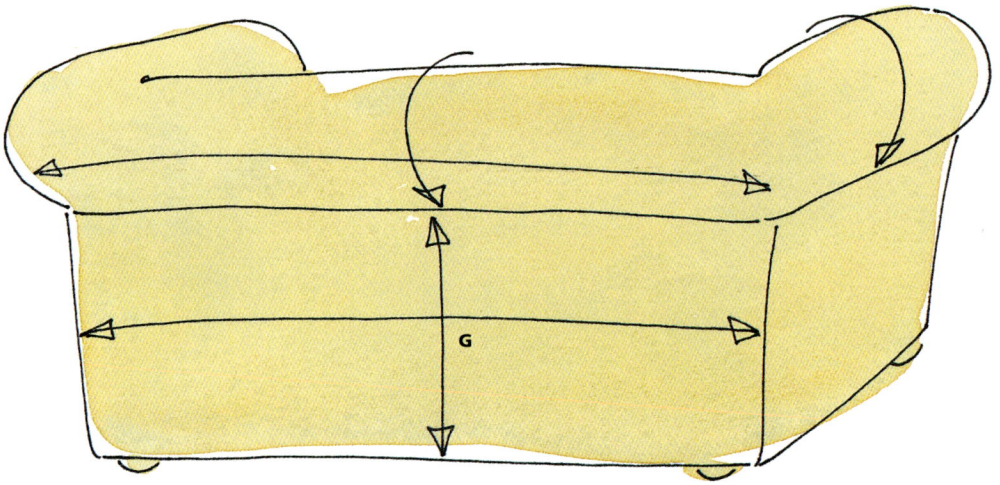

124

Prodigios de fin de semana

TOMAR LAS MEDIDAS

Cuando tome las medidas de la funda de su sofá, recuerde añadir 2 cm de holgura para coser todo alrededor, tal y como se indica, más 15 cm para pliegues, en la confección de los espacios alrededor del asiento, en prevención de arrugas y estrías. Siguiendo el diagrama de la página 124, tomar las medidas de lo que sigue:

A Respaldo interior. Anchura y altura desde el límite inferior del cilindro del respaldo del asiento.
B Asiento. Ancho y alto, más pliegues en los dos lados cortos y en el lado largo, y holgura para coser.
C Frontal. Largo y ancho más holguras.
D Brazo interior (cortar dos). Ancho y largo desde el límite inferior del cilindro del respaldo, más pliegues y holguras.
E Brazo exterior (cortar dos). Ancho y largo más holguras para coser.
F Frontal del brazo (cortar dos). Ancho y largo más holguras para coser.
G Respaldo exterior. Ancho y largo.

CORTAR

Siguiendo las medidas anteriormente tomadas, marque las líneas de corte al hilo, asegurando que cada pieza queda exacta. Corte las piezas. Señale la letra pertinente en cada pieza. Va a necesitar reunir tela para confeccionar a la anchura precisa las piezas A, B, C y G. Con el fin de evitar hacer una costura central, centre cada pieza a través del ancho de la tela y, de acuerdo con el dibujo, ensamble una pieza de tela a cada lado. Etiquete cada pieza para una identificación fácil. Corte cuatro piezas de tela de 30 por 8 cm para los falsos pliegues.

CONFECCIÓN

1. Confeccione la suficiente cantidad de cordón *(ver página 121)* para el perímetro de los frontales de los brazos, dos veces en cada uno de los cojines y a lo largo del borde inferior y el frontal del sofá.

2. Sobre el sofá, marque con el jaboncillo una línea de arriba abajo por el centro del exterior del respaldo G, el interior del respaldo A, el asiento B y el frontal C. Repetir sobre el lado opuesto de las correspondientes secciones de tela, doblándolas por la mitad para hallar el centro. Con el reverso de la tela en primer plano, fije en su lugar con alfileres la pieza G, correspondiente a la parte posterior del respaldo. Coloque el borde superior de modo que se ajuste a la base del cilindro del respaldo.

3. A continuación, sitúe y fije con

DIAGRAMA 1

alfileres en la parte interior del respaldo la pieza A, con el reverso en primer lugar y el ala para remeter en el borde inferior. Corte la pieza A para formar una esquina en inglete a lo largo del cilindro y a cada uno de los lados de la pieza, haciendo muescas en la holgura para coser, formando una curva *(ver diagrama 2)*.

DIAGRAMA 2

4. A lo largo del respaldo de A haga pliegues para tapizar alrededor del cilindro del respaldo. Coloque alfileres e hilvane *(ver diagrama 3)*. Con los anversos enfrentados, una mediante alfileres A con G a lo largo de esta línea de hilvanado. Quite los alfileres donde sea necesario, pero no quite las piezas del sofá. Hilvane. Con los anversos de la tela frente a frente, coloque alfileres e hilvane A a la pieza B del asiento, en el límite inferior de las alas para remeter.

DIAGRAMA 3

Quite la funda y cosa a máquina a lo largo de las líneas de hilvanado.

5. Vuelva a poner la funda sobre el sofá, con el reverso hacia arriba. Con los anversos frente a frente, encájelo, coloque alfileres e hilvane las dos piezas D a las piezas E, asegurándose de que las costuras situadas justo debajo del cilindro del brazo queden firmes. Corte y haga ingletes en las piezas D para fijarlas a la esquina

DIAGRAMA 4

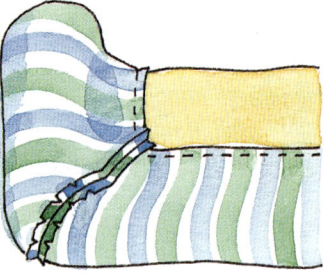

dando forma al brazo del sofá, para unirse a los bordes ingletados de A. Haga cortes en la holgura de las curvas de forma que encaje sobre el cilindro del respaldo.

6. Con los anversos frente a frente, coloque alfileres e hilvane las piezas D a las A; una con alfileres e hilvane la parte inferior de las piezas D a B en el límite inferior de las alas para remeter. Con los anversos enfrentados hilvane la pieza G del exterior del respaldo, a lo largo de un extremo, a una de las piezas E. En el otro extremo, deje abiertos 61 cm entre G y E para la cremallera.

7. Disponga las piezas D de forma que encajen alrededor de los bordes del frontal de los brazos, mediante la confección de pequeños pliegues, de 5 cm. Coloque alfileres e hilvane. Con el jaboncillo señale la línea de costura curva del asiento, siguiendo la forma arqueada *(ver diagrama 5)*. Corte el exceso de tela. Con los anversos frente a frente, coloque alfileres e hilvane la pieza B del asiento a la pieza C del frontal. Asegúrese de que la unión encaja a lo largo del frontal del asiento del sofá. Quite la funda del sofá.

DIAGRAMA 5

DIAGRAMA 6

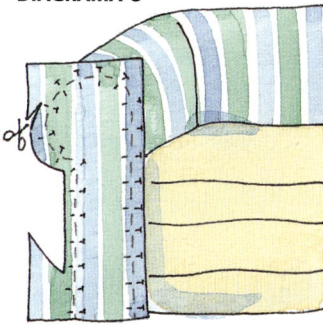

8. Sitúe las piezas F, del frontal del brazo, con el reverso hacia arriba. Señale la línea de costura con alfileres y una línea de hilvanado y corte.

9. Quite las piezas del frontal del brazo e hilvane cordón alrededor de las mismas, con los anversos frente a frente. Coloque alfileres e hilvane el frontal de los brazos a las piezas D, C y E. Con los anversos frente a frente, y, con el cordón intercalado entre las costuras, deje una abertura de 18 cm en el borde inferior externo de cada pieza F del brazo. Ponga un ribete en el borde de las aperturas. Quite la funda y cosa a máquina a lo largo de las líneas de hilvanado.

10. Vuelva a poner la funda con el anverso hacia fuera. Dé la vuelta a los bordes de la apertura del respaldo, coloque alfileres e hilvánelos para hacer una costura para la cremallera. Coloque e hilvane en su sitio un lado de la cremallera. Si ha puesto cordón en el borde inferior de la funda, ponga alfileres e hilvane el cordón con los bordes unidos. Para los pliegues, sitúe juntas dos piezas plegadas, con los anversos frente a frente, y cosa a máquina a lo largo de los dos lados cortos y del lado largo. Corte las esquinas, dé la vuelta y planche. Haga lo mismo en el otro pliegue. Una con alfileres los lados cortos de cada pliegue a E y F en la apertura de cada esquina para alinearlo con el dobladillo.

11. Quite la funda. Ponga alfileres, hilvane y cosa el lado que queda de la cremallera. Cosa el cordón a lo largo del dobladillo y doble hacia atrás los bordes. Ribetee al bies y haga dobladillo en el reverso. En el interior, cosa la pieza plegada al cuerpo principal.

12. Mida los cojines del asiento. Corte dos piezas de tela para la parte superior e inferior de cada cojín, incluyendo todas las holguras para coser.

13. Para el escudete, corte una banda de tela de la profundidad de la almohada del cojín para envolver tres lados del mismo. Corte una franja para la cremallera del escudete. Ésta debe tener el largo de uno de los lados del cojín, más 10 cm, de modo que se extienda más allá de las dos esquinas. Añada 3 cm para los bordes planchados a cada lado de la cremallera. Corte la sección de la cremallera por la mitad en sentido longitudinal y planche las holguras para coser. Hilvane la cremallera por los bordes y cosa a máquina. Cosa un borde de la sección de la cremallera a uno de los lados cortos del escudete.

14. Una con alfileres una pieza de funda de cojín a la franja del escudete con los anversos confrontados y con el cordón intercalado entre ambos. Asegúrese de que la cremallera queda centrada en el lado del cojín que quedará frente al respaldo del sofá. Corte el escudete para ajustar y una los lados cortos. Hilvane y cosa a máquina el escudete a la pieza de la funda. Abra la cremallera y una el escudete a la otra pieza de la funda de la misma forma. Dé la vuelta a la funda del cojín.

Prodigios de fin de semana

Cama cabina para niños

Un complemento imaginativo para una habitación infantil estrecha es una cama cabina, que puede estar colocada en la zona menos luminosa. Bien iluminada con puntos de luz propios, este diseño está pensado para simular un pequeño teatro.

Necesitará

Diván individual con colchón y sin cabecero.
Serrucho
Un listón de 5 x 5 cm, para el marco
Enchufes
Fijadores para paredes tipo pladur
Nivel de burbuja, regla y lápiz
Tornillos y destornillador
Tableros de aglomerado de 1 cm de espesor para cubrir los laterales y el fondo
Tableros de media densidad de 1 cm de espesor para rontal y el techo
Tijeras y papel de estraza
Un compás y un plato
Una sierra de vaivén
Cola para madera
Tablones machihembrados para revestir el frontal del camarote
Lijadora eléctrica
Moldura decorativa
Barra de cortina o cable de acero
Barniz de color a su elección
Pinceles comunes

Esta idea funciona bien en la mayoría de las habitaciones pequeñas, incluso si la habitación es más amplia que la longitud de una cama individual, ya que la diferencia queda reducida mediante una estantería construida a 30 cm, aproximadamente, por encima de la altura de la cama, lo que constituye un útil cabecero, y un espacio para libros y juguetes.

La cabina está hecha con un tablero de aglomerado fijado mediante listones atornillados a las tres paredes que rodean el conjunto y al suelo. Antes de comenzar el proyecto, asegúrese de que las paredes y el techo están en buenas condiciones y compruebe la posición de los cables y las tuberías que deben ser evitadas. Por lo general, la fijación de los listones a la tarima del suelo resulta factible, aunque los tornillos deben tener la longitud suficiente para abarcar los tableros de la tarima, a menos que haya debajo un rastrel. El diván encaja su lugar antes de atornillar el frontal. Elabore un plano en papel cuadriculado para calcular el material que va a necesitar.

1. De acuerdo al plano que ha elaborado, compre o sierre las longitudes de listón con el fin de construir un armazón para el camarote como el que se muestra en este boceto.

2. Señale la posición de los listones sobre las paredes, utilizando un nivel de burbuja, una regla y un lápiz. Atornille los listones en su sitio, corte la base de los listones para que encajen en el rodapié. Atornille un listón para abarcar el frontal superior del marco de la cama de pared a pared y fije el armazón al soporte para la estantería y el cabecero.

3. Corte los tableros de aglomerado

destinados a las tres paredes interiores y atorníllelos a los listones.

4. Sierre los tableros de media densidad para el fondo y para la parte superior de la estantería. Atorníllelos al armazón de listones.

5. Para el frontal de la cabina, corte dos piezas de tablero de aglomerado, de forma que encajen. Dibuje primero sobre la madera el hueco de acceso a la cabina, a la misma altura respecto al suelo que el colchón, con la misma longitud de la cama y con una altura de al menos 1,5 m, la altura suficiente para que un niño no se golpee la cabeza cuando entre o salga de la cama.

6. Para el remate superior, corte un trozo de papel de estraza de 30 cm, que mida la mitad de la cama.

7. Utilice un compás y un plato para trazar la forma del remate superior. Recorte el diseño dibujado sobre el papel de estraza. Utilizando la plantilla obtenida, dibuje la forma sobre una pieza de aglomerado y después, póngala sobre el otro lado para completar el trazado del dibujo. Recorte la figura con la sierra de vaivén.

8. Para revestir el frontal de la cama, corte a un tamaño aproximado, encole y pegue el revestimiento machihembrado sobre el frontal de aglomerado. Cuando este pegado iguale el revestimiento con una lijadora eléctrica.

9. Para el techo, corte el aglomerado al tamaño adecuado. Atorníllelo al plano superior del armazón. Practique unos agujeros para los focos halógenos y haga que un electricista los instale, así como un interruptor doble, desde la cama hasta la puerta.

10. Corte un tramo de moldura decorativa para fijarla al remate superior de la cama cabina. Fije las barras o el cable para la cortina dentro de la estructura, con el fin de cubrir con cortinas los cuatro lados de la cama cabina.

11. Aplique el barniz.

Prodigios de fin de semana

Renovar el cuarto de baño

Si su cuarto de baño tiene un aspecto apagado y pasado de moda, pero no necesita nuevos accesorios, le presentamos una fórmula, a base de telas y efectos de pintura, que le darán nueva vida sin resultar demasiado caro. El toldo de tela en azul y beige determina el esquema cromático.

REVESTIMIENTO LAMINADO DE MADERA

Necesitará

Pinceles comunes
Pintura vinílica de color crudo
Moldura decorativa
Regla, nivel de burbuja y lápiz
Cinta de enmascarar de 2,5 cm de ancho
Puntillas para paneles de chapa y martillo
Escuadra
Cinta de rotulista de 6 mm de ancho
Barniz de color miel y gris
Una veteadora
Un paño viejo
Brocha alisadora
Pintura azul
Lápiz de carpintero
Lápiz pastel de color blanco
Barniz acrílico

En vez de resultar recargado, un pequeño espacio puede transformarse de forma que resulte acogedor y bien organizado. En este cuarto de baño, el techo irregular y las cañerías fueron escondidas detrás de un entoldado de tela colgado de unas barras y extendido hasta alinearse con la parte superior de la ventana. Los antiguos azulejos blancos fueron sustituidos por un laminado imitando madera. Los anteriores detalles, junto al acabado imitación de baldosa, darán a la estancia un toque rústico. Cuando se disponga a realizar los efectos de imitación de madera y baldosas, puede pintar directamente sobre la escayola o sobre el suelo, a menos que, como en esta habitación, las paredes sean demasiado desiguales o no valga la pena lijar el entarimado, en cuyo caso unas láminas de contrachapado de madera, que resultan baratas, aportan una cubierta lisa y limpia. Las contraventanas nuevas se pintaron de azul para que combinasen con la tela, y otros elementos fueron pintados en el mismo azul, diluido con agua para conseguir una capa de color que borrase la veta. El suelo fue también pintado con la pintura azul diluida.

1. Pinte las paredes con pintura vinílica de color crudo. Deje secar.

2. Decida a qué altura va a colocar la moldura, y con la ayuda de la regla y el nivel de burbuja pinte a lápiz una línea recta horizontal, que dé la vuelta a la habitación. Utilice la cinta de enmascarar para tapar la parte superior de la línea. Corte la moldura a ese tamaño y fíjela sobre la pared directamente con las puntillas debajo de la cinta de enmascarar. Pinte la moldura de color crudo.

3. Desde el suelo hacia la moldura, tome medidas y señale con un lápiz espacios de 15 cm para definir las intersecciones entre las tablas del laminado. Pinte a lápiz líneas verticales utilizando la regla y una escuadra para conseguir precisión

4. Con la cinta de rotulista cubra las verticales.

5. Utilizando una brocha para cada color, extienda de forma desigual, y, tablón a tablón, los barnices de color miel y gris, trabajando siempre en dirección vertical.

Prodigios de fin de semana

6. Aplique la veteadora a los largos de las capas todavía húmedas, pasándola con suavidad y a intervalos, pero con constante. Trabaje un tablón cada vez, variando el dibujo del veteado entre los tablones, tanto como sea posible. Deje alguno casi sin dibujo pasando apenas la veteadora. Quite los excesos de pintura de la veteadora con un trapo viejo.

7. Pase la brocha alisadora sobre los tablones para difuminar el efecto.

8. Cuando los barnices estén secos, aplique una capa de pintura azul diluida con agua al 50%. Cuando se sequen, retire la cinta de rotulista.

9. Con el fin de realzar el borde de cada tablón, utilice un lápiz de carpintero para dibujar dos líneas gruesas paralelas, a cada uno de los lados de la ranura. En medio, dibuje una línea blanca utilizando un lápiz corriente.

10. Con el fin de proteger este efecto de pintura, aplique una capa de barniz acrílico.

CÓMO PINTAR LAS PAREDES

En primer lugar aplique a las paredes una base de color crudo. Utilizando los mismos colores de barniz que se aplicaron al laminado, dé unos toques, alternativamente, sobre las paredes con una brocha corriente. A continuación, frote la superficie pintada con un paño viejo, para lograr un efecto de color lavado. Los rodapiés, el alféizar de la ventana y las puertas pueden ser tratadas con la misma técnica. Las puertas del armario fueron pintadas para combinar con los tablones de laminado.

TECHO ENTOLDADO

Necesitará

Tela suficiente para el techo, cinta métrica, máquina de coser, hilo, tijeras y alfileres
Pasamanería de borlas
Abrazaderas y tornillos
Barras de cortina (o clavijas) cortadas según la anchura del techo

1. Mida la anchura y la longitud del techo, añadiendo 60 cm para la caída. Corte la tela en dos piezas, haga una costura sencilla para unirlas, para conseguir la medida. Planche la costura abierta. Haga el dobladillo a todos los bordes de la tela. Sujete con alfileres y, posteriormente, cosa la pasamanería de borlas a ambos extremos de la tela.

2. Atornille las abrazaderas en la posición adecuada (aquí se han utilizado tres en una pared y tres en la otra). Introduzca las barras en las abrazaderas. Para terminar, coloque la tela sobre las barras.

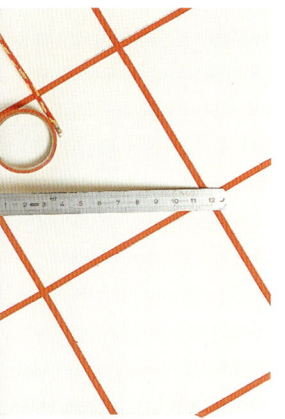    

BALDOSAS RÚSTICAS

Necesitará

Pinceles corrientes
Pintura vinílica de color crudo
Regla metálica
Cinta de rotulista de 6 mm de anchura
2 barnices de color azul mediterráneo y azul aguamarina
Bolsa de plástico
Brocha para suavizar
Barniz acrílico

1. Pinte el suelo con dos capas de pintura vinílica de color crudo y déjelo secar adecuadamente.

2. Utilizando la regla metálica, mida y pinte a lápiz unas baldosas cuadradas de 25 cm de lado u otro tamaño que convenga a su suelo.

3. Separe los cuadrados con cinta.

4. Utilizando un pincel distinto para cada color, pinte con los dos barnices el suelo, manteniendo separados los colores.

5. Con la pintura todavía húmeda, ponga una bolsa sobre la superficie y alísela con las manos. Al levantar la bolsa comprobará que ha dejado tras de sí un efecto de textura marmolado *(ver en la parte superior)* a través del suelo. Aligere el efecto provocado por la bolsa con el uso de una brocha alisadora.

6. Una vez seco el suelo, quite la cinta de rotulista. Aplique tres capas de barniz acrílico al suelo para darle una protección que sea más adecuada.

Ideas ingeniosas

A todo el mundo le gusta la aparición de una idea inteligente que pueda ser ejecutada en cuestión de minutos. A continuación se exponen algunos de los más útiles y espectaculares usos de las flores, la pintura y las telas. Algunos llevan más tiempo que otros, pero todos son muy decorativos, efectivos y relativamente fáciles.

- Puertas decorativas
- Puras delicias
- Arreglos florales

Ideas ingeniosas

Puertas decorativas

Detrás de cada vieja puerta de armario hay una gran riqueza de posibilidades decorativas que sólo esperan ser exploradas. Aquí se muestran algunas fórmulas para obtener distintos efectos de pintura. Todas requieren una base de pintura vinílica para sellar la superficie, a partir de la cual se pueden manipular otras capas de pintura. Todas ellas necesitan además ser protegidas con una capa de barniz.

1. Aplique una capa de tinte de color madera de pino envejecida y déjela secar. Frote sobre ella con una vela y pinte con un color tradicional gris verdoso. Utilizando un paño, suavice las rugosidades que hay entre la madera y la pintura.

2. Quite el barniz antiguo y pase una brocha de alambres en la dirección de las vetas. Mezcle en cantidades iguales agua y pintura blanca y aplique esta mezcla. Termine el trabajo con el estarcido de una guirnalda en colores otoñales.

3. Pinte dos tonos, uno verde menta y otro azul tropical sobre una base vinílica de color crudo. Cuando todavía esté húmeda dé unos toques encima con un pincel para estarcir, retorciendo las cerdas del pincel, pero manteniendo los colores separados.

4. Para un efecto más intenso, aplique al azar cuatro capas combinando pigmentos de pintura artística sobre una base crema. Cuando aún esté húmeda, dé unos toques y extienda ligeramente la pintura con un paño.

Ideas ingeniosas

5. En vez de quitar el barniz antiguo para dejar expuesta la verdadera veta de la madera, la alternativa perezosa consiste en pintar una base vinílica lisa de color gris o verde y después, con una veteadora, crear un efecto de madera utilizando pintura blanca mezclada con barniz.

6. Un efecto de piedra incrustada puede dar un aspecto extremadamente elegante a una puerta y resulta muy fácil de aplicar. Dé una capa de pintura de color crudo. Siga el modelo que se muestra arriba pintando una forma romboidal dentro de otra rectangular. Cubra las secciones y salpique entonces con cuatro sofisticados matices de gris y de verde, esperando que se seque cada sección antes de volver a cubrir.

7. Esta interesante textura entretejida fue creada con un peine de decorador. En primer lugar, la puerta recibió una capa base de pintura color lila. Cuando estuvo seca, fue pintada con una mezcla de una parte de pintura artística acrílica de color carmesí y seis partes de barniz. A continuación se pasó el peine de decorador sobre el barniz en direcciones entrecruzadas. Los lados fueron pintados con el mismo barniz sobre una capa base más oscura y la moldura se pintó en color dorado.

8. Esta imitación de mármol de Siena fue hecha utilizando óleos de pintura artística —amarillo cromo, siena, siena tostado, carmesí, ocre tostado y negro Marte— pintados sobre una base de color crudo cáscara de huevo. Cada color fue mezclado por separado con un barniz al óleo y pintado en líneas diagonales ondulantes. El jaspeado fue creado con una pluma empapada en marrón, siendo difuminado el conjunto con una brocha alisadora.

Ideas ingeniosas

Puras delicias

La gasa es un tejido maravillosamente versátil, ideal para tratamientos de ventanas que no precisen costura. La puede estrujar, enrollar, anudar, retorcer, coserla con anillos de cortina y nueve veces de cada diez caerá llena de estilo le haga lo que le haga. Combínela con unas contraventanas y tendrá lo último en tratamientos de ventana que no precisan costura.

1. Este arreglo sencillo e impecable resulta perfecto en una ventana doble o en una habitación donde hay más espacio a un lado de la ventana que a otro. Comience la tarea con un gran anudamiento en un extremo de la barra y a continuación deje caer la tela en una gran caída y cosa sobre el florón opuesto dejando caer la gasa hasta llegar al suelo.

2. Este romántico tratamiento debe su éxito a la calidad decorativa de un exquisito lazo de algodón. La tela se dobla por la mitad longitudinalmente y a continuación también por la mitad a lo ancho, para encontrar el centro, donde es anudada con holgura. Este anudamiento se sostiene con una banda elástica para formar una escarapela. La tela a cada lado de la roseta se estira y se hilvana detrás de los florones de los extremos y es sostenida mediante un prendedor de cortina. La escarapela se dispone para que presente una forma abanicada y después se afirma con otros prendedores.

3. Para crear estas suntuosas caídas, combine una capa de tela a cuadros con otra a rayas. Pase la tela a través de los anillos de las cortinas y arréglela como más le guste. Este tratamiento resulta muy bien combinando un estor enrollable que aporta privacidad y permite controlar la cantidad de luz que entra por la ventana.

4. Aquí dos largos empalmados de tela a cuadros rematados con un lazo, se colocan holgadamente sobre la barra de la cortina con el fin de crear dos caídas independientes que se enlazan juntas en el centro a la manera de una bufanda. En combinación con dos cortinas largas de gasa completan un conjunto visual traslúcido.

Para calcular cuánta gasa debe comprar, utilice cordón para ribetear o cualquier otro cordel grueso, disponiéndolo sobre la barra de la cortina, siguiendo la forma que quiera crear con la gasa. Corte finalmente el cordel, mídalo y prolongue la longitud hasta la siguiente unidad de metro. Si quiere cortar una cola en diagonal, deje algo de tejido extra. Si aún tiene dudas, corte primero la forma que desea utilizando para ello una sábana vieja. Para hacer una cola clásica larga, corte el final con un grado de 45º y, para obtener un estilo más moderno, corte los bordes rectos.

Ideas ingeniosas

1

2

3

4

Ideas ingeniosas

Arreglos florales

No hay nada que pueda compararse con el impacto de un ramo de flores, dispuestas con imaginación, para dar vida a una habitación. Aquí se muestran ocho formas de hacer unos arreglos deslumbrantes.

1. Para contar con un jarrón en un santiamén, corte por la mitad una botella de agua de plástico, envuélvalo en papel de seda y en celofán y átelo con una cinta de rafia. Rellénelo de agua y de las flores de su elección.

2. Transforme una col en un jarrón inusual quitándole el centro, encajando dentro un recipiente, y llenándolo con agua y tulipanes. Ponga el conjunto sobre un cuenco con pie.

3. Para hacer un diminuto jardín interior, plante en un recipiente de malla plateada. Llene la malla de musgo o de polietileno transparente. Como el contenedor puede no ser del todo impermeable, recuerde colocarlo en un platillo antes de regar.

4. Cree un arreglo original con flores en forma de cúpula. Átelo justo debajo de las flores con un cordel. Corte los tallos y póngalos dentro de un bloque húmedo cubierto de musgo y puesto en una maceta.

Ideas ingeniosas

5. Los narcisos y los brotes de primavera crecen aparentemente en fila. En realidad se mantienen dentro de un bloque húmedo encerrado en una lámina de plástico. Ésta, a su vez, está cubierta con hojas de magnolia atadas con rafia.

6. Construya un jarrón de tallos cortándolos a la misma longitud, con la altura de una lata de sopa. Pegue los tallos alrededor de la lata y átelos con rafia. Llene la lata con agua y flores.

7. Este arreglo tiene una disposición fuertemente geométrica. Combine flores de otoño y follaje y póngalo todo en un jarrón de cristal cúbico. Asegúrese de que los tallos aparezcan limpios, porque son tan importantes como las flores.

8. Cubra una esfera húmeda con musgo usando para ello alambre de florista doblado en forma de pinzas de pelo. Póngala sobre una rama cortada al efecto. Clávelas en otro bloque seco oculto bajo el musgo en una maceta. Decore con chocolatinas.

Índice

A

almacenaje, *ver* armarios, estanterías
aparadores, trampantojo, 62-63
armarios
    puertas decorativas, 136-137
    casa de muñecas, 44-45
    aparadores, 62-63
    imitación, 70-73
    puertas con rejillas de imitación, 84-85
    estilo gustaviano, 40-41
    trampantojo, 70-73
armarios con imitación de porcelanas, 70-73
asientos, *ver* sillas, sofás, taburetes

B

baldosas
    cubiertas de mesa de mosaico, 92-95
    imitación, 133
    falso rústico, 133
    de mesa de mosaico, 92-95
bambú, marcos de fotos, 52-53
bandejas pintadas con los dedos, 22-23
bandó, 112-113
biombos de ventana, 46-47
biombos, *decoupage*, 68-69
botes de lápices, 20-21

C

colores secundarios, 12
cubos de basura encubiertos, 70-73
camas cabina, 128-129
camas para niños, 128-129
camas de trineo, 122-123
casas de muñecas, armarios, 44-45
cerámicas
    platos pintados, 30-31
    macetas de terracota pintada, 31
    rótulos con nombres, 16-17
colchas
    para transformar sillas de oficina, 88-91
    sofá diván, 96-97
colores primarios, 12
colores secundarios, 12
consolas, estilo antiguo, 54-55
construcción del sentido del color, 10
contraventanas con hoja de trébol, 66-67
cortinas, rematadas en forma de copa, 60-61
costurero de tela, 18-19
cuartos de baño, transformación, 130-133

D

decoración con flores, 140-141
divanes, transformación, 96-97
dorados, 107

E

efectos a base de toldos
    techos, 130-132
    estanterías, 102-103
efectos de imitación
    incrustación de granito, 80-83
    topes de mesa con incrustaciones de mármol, 98-101
    incrustación de malaquita, 108
    malaquita con pan de oro, 104-107
    marquetería, 86-87
    puertas con rejilla, 84-85
    revestimiento machihembrado, 130-131
    ver también efectos de pintura, 130-131
efectos de pintura, 130-131
puertas decorativas, 136-137
gastado, 12
imitación de mármol, 98-101
imitación de marquetería, 86-87
imitación de granito incrustado, 80-83
marmolado, 108-109
trampantojo, 62-65, 70-73
veteado, 58-59
ver también estarcido
equipamiento, 6-9
esquemas monocromáticos, 11
    esquemas cromáticos análogos, 13
    neutros, 11
    complementarios, 12
    contrastados, 12
    armoniosos, 13
    monocromos, 11
    en blanco más su color favorito, 12
estantería con cortinas, 102-103
estarcido
    ropa de cama, 116-117
    sillas, 74-75
    imitación de marquetería, 86-87
    ventanas con efecto de escarcha, 32-33
    mesas, 54-55, 58-59
    trampantojos, 62-65
estilo gustaviano
    aparadores, 48-50
    armarios, 40-41
estores en abanico, lino, 42-43
estores pintados a mano, 42-43

F

falsos efectos, *ver* efectos de imitación
fundas de almohada, estarcidos, 116-117
fundas holgadas, sofás, 124-127
fundas para silla de director, 118-121

G

gasa, colgaduras, 138-139
granito incrustado, imitación, 80-83
    guardarropas, transformación, 40-41

H

herramientas, 6-9

I

incrustación de granito, imitación, 80-83
incrustación de mármol, imitación, 98-101

J

jarrones, 140-141
    marcos, 28-29

M

macetas de terracota, 16-17
    pintadas, 30-31
    colores terciarios, 12
    texturas y esquemas cromáticos neutros, 11
machihembrado, imitación, 130-132
malaquita, imitación, 104-107, 108-109
marcos de fotos, 20-21
marcos
    candelabros, 36-37
    tela, 20-21
    imitación de malaquita, 104-107

jarrón de flores, 28-29
bambú oriental, 52-53
pintado al vinagre, 34-35
mármol
cubierta de mesa, 108-109
falsa incrustación, 98-101
marquetería, imitación, 86-87
mesas
   consolas de estilo antiguo, 54-55
   imitación de mármol incrustado, 98-101
   imitación de granito incrustado, 80-83
   imitación de marquetería, 86-87
   marmolado, 108-109
   mosaico, 92-95
   estarcidos, 58-59
   veteado, 58-59
mesas de café
   imitación de granito incrustado, 80-83
   de taburete, 76-77
   mesas de estilo gustaviano, 48-49
motivos teatrales, camas de niños, 128-129
muebles, aspecto envejecido, 12

P

pan de oro, con imitación de malaquita, 104-107
pantallas con *decoupage*, 68-69
pantallas de papel, 24-25
platos pintados, 30-31
puertas de armario de rejilla de alambre, 70-73
puertas
   decorativas, 136-137
   de falso enrejado, 84-85

R

rejilla falsa, 84-85
ropa de cama, estarcido, 116-117
rótulos con nombres, 16-17

S

sillas
   de director, 118-121
   de oficina transformadas, 88-91
   de pino estarcidas, 74-75
sillón, transformación de silla de oficina, 88-91
sofás, fundas, 124-127
sofás, transformaciones, 96-97

T

taburetes, 76-77
techos entoldados, 130-132
telas
   estores, 42-43, 50-51
   cortinas, 60-61
   fundas de silla de director, 118-121
   bandós, 112-113
   botes para lápices, 20-21
   marcos para fotos, 20-21
   costureros, 18
   fundas de sofá, 124-127
   techos entoldados, 130-132
   estanterías con cortinas, 102-103
   transformación de silla de oficina, 88-91
   colgaduras de gasa, 138-139
   biombos de ventana, 46-47
tiestos
   pintados, 30-31
   rotulados, 16-17
   diseños estarcidos, 32-33
topes de mesa de mosaico, 92-95
trampantojo, 62-65, 70-73

V

ventanas,
   estores, 42-43, 50-51
   cortinas, 60-61
   bandós, 112-113
   biombos, 46-47
   contraventanas, 66-67
   estarcidos, 32-33
   colgaduras de gasa, 138-139
ventanas estarcidas con efecto de escarcha, 32-33

Consejos para la elección de la pintura y de los colores

◆ **PINTURA**

Pintura al temple

Debemos elegir este tipo de pintura cuando

- Queremos que el secado sea rápido.
- Donde haya humedad, ya que evita la aparición de hongos.

No debemos utilizarlo en

- Superficies metálicas, ya que pueden oxidarse.

Se limpia fácilmente con agua y detergente.

Pintura plástica

Debemos utilizarla en

- Madera
- Paredes muy propensas a ensuciarse, ya que se pueden limpiar con un trapo seco muy húmedo.

Pintura de poliuretano

Debemos utilizarla en

- Radiadores y tuberías

◆ **COLORES**

Colores fríos

Dan la sensación de alejarse del que los contempla.

Colores cálidos

Parecen acercarse al que los contempla.

Colores neutros

Negro, blanco, gris, aunque también pueden incluirse: ocre, crema, color champiñón, blanco agrisado y los colores naturales de la madera, el mimbre, el mármol, el ladrillo, la piedra...
Son ideales para hacer de telón de fondo en una composición, a la que se puede añadir gran variedad de texturas.

Toques de color

Añaden contraste al esquema general, son ideales para utilizar en las composiciones frías o neutras.

Composiciones con armonía

Colores próximos entre sí dentro de una misma gama. Tenga en cuenta lo siguiente

- El tamaño de la habitación: En las habitaciones amplias debe utilizar colores cálidos. En las habitaciones pequeñas debe utilizar colores fríos.
- Utilice colores neutros como vínculo entre las partes.
- Introduzca contrastes de color.
- Utilice diseños llamativos en zonas amplias.
- Los colores pálidos y los motivos menudos dan sensación de sosiego. Utilizados con profusión pueden resultar insignificantes.

MAR 2 9 2004

MAR 2 9 2004